How to be a

▲ + ■ → ⬠

Good Parent

산과 집

서효인

시인

아이는 중턱에서 숨을 고르며
이제 집에 가면 안 돼요? 묻는다
집에 가야지 하지만 정상이 곧이야
이왕 여기까지 왔으니 아깝지 않니
집은 언제든 갈 수 있고 정상은
오늘이 아니라면 또 언제 가보겠니
하지만 아이는 솔방울처럼 보채고
아이의 목소리가 작고 따갑다
어째서인지 산은 점점 멀어진다
나는 집이 정상이라면 좋겠다

아무도 아프지 않고 다치지 않고
손가락질받지 않고 유해하지 않고
집이 정상이라면 멀리까지 볼 수 있겠지
스멀스멀 다가오는 불행을 미리 보고
슬쩍 흘려보낼 수도 있겠지 뷰가 좋다면
강이 보이면 호수가 보이면 공원이 보이면
발아래에는 집 대신 솔방울이 납작하고
좀 참고 따라올 수 없겠니 조갈 난 듯
아이를 타이른다 이따 가자 집은

집을 생각하니 산이 높기만 하다
영원히 높아질 것만 같다 그곳에 닿지
못할까 봐 두렵다 집이 없을까 봐
무섭다 그만 내려갈까? 그 말을
하지 못해 메스껍다 아이가 나의 실패를
목격할 것이 두렵다 아이가 나의 두려움을
알아챌 것이 무섭다 아이에게 좋은 집을
학원가를 학군을 공원과 호수와 강이 보이는
집을 미래를 주지 못할 것 같다 거의
무릎에 양손을 대고 허리 굽혀 숨을
몰아쉬니 솔방울이 말을 건다
아이가 아까 참에 집에 갔다고
가고 싶은 집이 있어 다행이지 않으냐고
나는 타박타박하는 소리를 부러 내며
정상을 등지고 현관 비밀번호를 눌렀다
거기서 아이가 기다리고 있었다
내 등을 쓰다듬으려

△ + ■

해, 달, 별, 산, 구름, 바다, 나무, 꽃 그리는 일을 좋아하는
9세 이기윤의 '일출'과 '월출'.

서효인

이 시는 『아이가 자라는 집』 출간 선물로 지었다.
아이와 등산에 간 적이 있다. 아이는 (당연하게도) 집에 가자고 보챘다. 거기에서 시작한 시인데 꽤 멀리 나아간 것 같다. 시는 늘 생각보다 멀리까지 나를 데려가주어서 좋다.

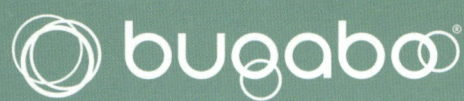

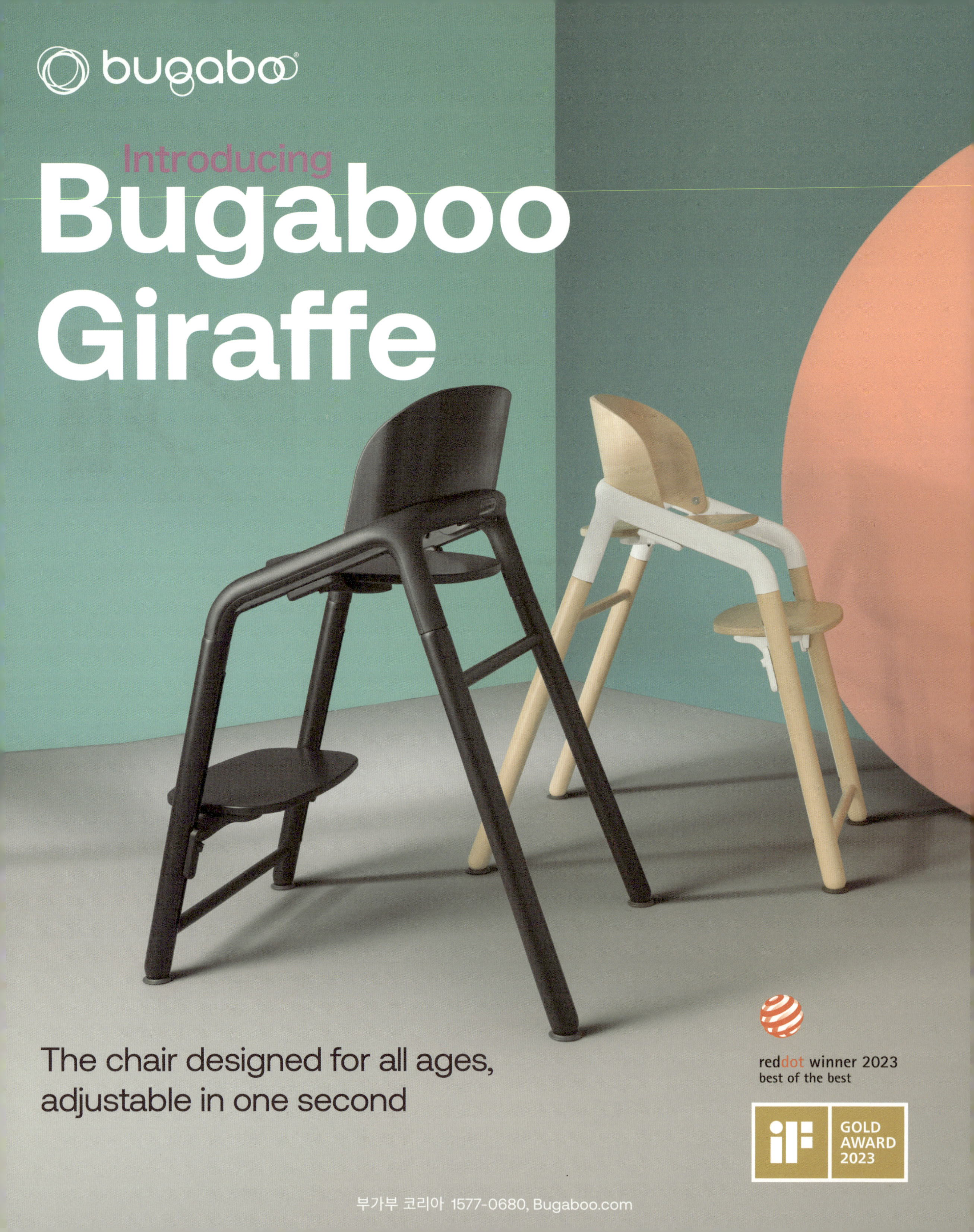
bugaboo
Introducing
Bugaboo
Giraffe
The chair designed for all ages,
adjustable in one second
reddot winner 2023
best of the best
iF
GOLD
AWARD
2023
부가부 코리아 1577-0680, Bugaboo.com

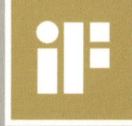

CONTENTS

▲

02 Letter
산과 집

08 Essay
이수의 시선

16 Inspiration
우리에게 온 문장들

COVER

모델 도이(생후 13개월)가
앉아 있는 제품은
올해 창립 25주년을 맞이한
부가부Bugaboo의
프리미엄 하이체어 '부가부 지라프'
의상협찬 루크루크(luuklook.com)

33 Suggestion
디자이너가 그린 아이 방

46 Things
아껴둔 아이의 순간

60 Special
2024 Parenting Keyword 24

76 Toon
조경규 작가의 한 컷

kids
MUSINSA

CONTENTS

■

78

kids
everywhere

어디에든, 어린이

80　Opinion
　　삶의, 세상의 디톡스인
　　아이들을 생각하며

82　Interview
　　어린이들의 어른 '후추맘' 구자영

92　Fashion
　　Kids Somewhere,
　　언제나 어린이

102　Space + Goods
　　내 꿈은 말야!

110　Partners
　　아이도,
　　어른도 환영해요!

116　News
　　2024 키즈 패밀리 트렌드

이수의 시선

2008년생 물고기자리, 어린 작가 전이수는 자신의 글과 그림이 세상을 조금이라도 따뜻하게 만드는 매개체가 되길 원한다. 작가의 시선이 닿은 곳에 피어난 다섯 개의 마음을 싣는다.

우리의 삶

아침 산책을 하다가 발견한 꽃 한 송이가
무척이나 꼿꼿이 서있다.
그 선명한 자태가 참 예뻐서
가까이 다가가 바라보았다.
그런데 그 꽃은 아주 여리게 떨리고 있었다.
멀리 떨어져 바라볼 때는
당당해 보이고, 분명하게 보였는데
가까이 다가서 본 그 떨림은
무척이나 힘들어 보이면서도
끝내는 이겨내고 말 기세다.
우리도 이 꽃처럼
가까이서는 매순간 떨리고 있을 것이 분명하다.
그게 우리의 삶이 아닌가 한다.

△ + ■

전이수

그림을 그리고 글을 쓰는 작가이자 환경운동가.
4남매의 맏이로 언제나 가족을 먼저 생각하는 배려심 많은 소년이지만,
여느 아이들처럼 매일매일 새로운 꿈을 꾸고 엉뚱한 생각을 하곤 한다.
자신의 글과 그림이 더 많은 사람에게 공유되고 사회에 선한 영향력을
미치는 것을 목표로 작품 활동을 한다. 여덟 살 때 첫 동화책 『꼬마악어
타코』를 시작으로 총 13권의 책을 펴냈다. 제주도 함덕에 위치한 전이
수갤러리 '걸어가는 늑대들'을 통해 꾸준히 작품을 선보이고 있다.

사춘기

요즘 사춘기인데 어떻게 넘기고 있냐고 물어보는 사람들이 많다.
그때마다 난 뭐라고 말을 해야 할지 잘 모르겠다.
그래서 나를 가만히 바라보았다. 내가 사춘기인가?

사람들이 말하는 사춘기에는 이유없는 짜증과 화를 내고
혼자 세상을 다 아는 것처럼 말하며,
듣는 것도 내 기준과 안 맞으면 흘겨보는 이런 아이인가? 하고 그려보았다.
내 표정이 내 마음을 대변하고,
내 감정이 오늘 하루를 만들며, 또 나를 만든다.
사람들이 말하는 사춘기를 지나고 있다 할지라도,
난 세상을 다 알기엔 아주 조금밖에 살아보지 못했고, 경험도 많이 부족하다.
누군가의 말들을 듣기에 나의 기준도 아직 확고히 세워지지 않았기 때문에
모든 걸 겸손하게 배우고, 겸허하게 바라봐야 한다는 걸 안다.
결국은 이 기준이라는 것도 사실 필요없음을 깨닫게 될 때, 난 이미 많이 커 있겠지?
내게 사춘기는 이 겸손함을 더 철저하게 배우는 시간이지 않을까 생각한다.

△ + ■

그 자리가 비면…

알게 모르게 내 곁에서 나를 위해 일어나는 일들을
우리들은 당연하다 생각하거나 쉽게 생각하고,
또는 생각조차 안 하기도 하는 것 같다.
모두에겐, 소중한 존재가 있다.
하지만 그 자리가 비면
내가 할 일들이 너무너무 많아진다는 것을 알게 되고,
빈자리를 느낄 것이다.
주인 잃은 의자처럼 확연하게,
또 안개 낀 외로운 숲에 홀로 남은 것처럼 쓸쓸하게 느껴질 때,
그제서야 우리는 그 소중함을 알아차린다.
그리고 또 한 가지를 깨닫게 될 것이다.
나의 소중한 사람이 이렇게 많은 일을 했었구나 하는 것을…

011

사랑을
배우게 하는 사람

가끔 나 혼자라는 생각에 슬픈 느낌이 들 때가 있다.
그럴 때면 나는 엄마에게로 가서 이야기를 듣는다.
엄마는 멀리 날아가는 새도 혼자가 아니라
바람과 함께 태양의 따스함을 느끼면서 날고 있다고 한다.
우리들은 누군가를 사랑하고
누군가에게 도움을 받지 못하면
살아갈 수가 없다고 한다.
그리고 나는 이미 나를 필요로 하는
사람들을 위해 살아가고 있다고….

마음을 주고 또 마음을 받으며 위안을 얻는다.
힘이 들거나 아프면 안타까운 마음의 정을 느낀다.
서로에게 기대어 나의 슬픔, 힘듦을 이야기할 때
나를 사랑하고 아끼는 말들로 사랑을 느끼며
다시 힘을 얻는다.
그렇게 그 사랑을 배우고 또 다른 사람에게 주게 된다.

한 번에 하나의 마음이 아니라 두 가지의 마음이,
나를 바라보는 마음과
또 다른 사람을 바라보는 마음이 교차되어
얼굴에 나타난다.
나를 바라보는 마음도, 다른 사람을 바라보는 마음도
따듯하고 포근하면 좋겠다.
엄마의 얼굴처럼….

나는 그 사랑을 배우고 있다.

△ + ■

NO KIDS ZONE

△ + ■

사람들이 이땅에 서면서부터 우리는 공동체가 되고,
그 안에서 많은 이념들을 만들어 내며,
서로가 더 좋은 마음으로 더불어 살수 있도록 애쓰고 있다.
다양하고 다채로운 일들로 세상을 꾸미고,
그안에서 가장 중요한 우리의 삶의 질을 높이기위해
여러가지 논의를 거치며 거기서 모두가 인정하는
중요한 가치인 행복과, 사랑을 강조하며,
지금 이시대의 우리들은 새로운 세상을 노래하려고한다.
하지만 슬프게도 그 세상속엔 노키즈존이 있다.
그래서 우리는 화합하지 못하고,
더불어 행복할 수 없다.

우리는 세상에 더 큰 문제들과도 직면해있다.
대규모 전쟁과, 테러의 위협, 또, 살인 사건들...
하지만 이런 문제들이 생기는 이유도
바로 아이들로 부터 소중한 가치를 행동으로 보여주지
못하고 어른과, 아이도 선을 긋고,
정상적인 어린 시절을 빼앗았기 때문이라고
생각한다.

아이들 에게서도 배울점이 있다.
그것은 전혀 유치하지 않다.
어른들이 생각하는 귀찮고, 시끄러운 아이들의 소리는
어른들도 똑같이 내고 있다는 것을 알지 못하는 것 같다.
아이들이 가질 수 없는 선택권과 결정권을
어른들이 마음 대로 행사하는 것에 대해 생각해 봐야한다.

오히려 아이들과 함께 있으면
어른들이 헤아리지 못했던 잃어버린 자신의 어린시절의
지혜를 얻을 수 있다고 생각한다.
우리곁에 항상 존재하는 지혜를...

아이든 어른이든 똑같은 사람이다.
조용한 아이들이 있고, 또 시끄러운 아이들이 있다.
마찬가지로
조용한 어른들이 있고, 시끄러운 어른들이 있다.

하지만 사회적으로 어른이라는 딱지를 받고나면,
아이들의 선택권은 사라지고,
그순간 어른들의 어린시절은 사라지는것 같다.
내가 생각하는 진정한 어른은

나의 어린 시절이 있었기 때문에 지금의 내가 있다는
생각으로 아이들을 존중할줄 아는 사람이다.
그런 어른이야 말로 아이들을 가르치고, 아이들이 따를수 있는
큰 어른이라고 생각한다.

눈에 보이는 세상은 더 밝아지고, 더 편리해 졌지만,
서로를 이해하는 마음은 더 어두워진 것 같아서
마음이 무겁다.

INSPIRATION

도서협찬 사진책방 이라선(smartstore.naver.com/irasun) 사진 제이콥 마이어스 정리 『아이가 자라는 집』편집부

『As it is』
린코 가와우치

파란 하늘, 일렁이는 강물, 갓 태어난 딸의 모습으로 시작한다. 일본 사진가 린코 가와우치가 딸과 보내는 평범한 일상의 순간들이 아름답게 녹아 있다.

△ + ■

우리에게
온
문장들

우리를 위로하거나
일깨우거나
충만하게 할,

책 속 영감의 한 구절.

그리고
사진책방
이라선의 아름다운 책들.

INSPIRATION

모든 것이 버거워지면

감사가
잘 있는지 보러 나가요.

감사는
뭘 해 달라고 조르는 법이 없어서
잊어버리기 쉬워요.

하지만
자연 속에 앉아 있자면,

감사가 찾아와
내 곁에
앉곤 해요.

그러면
나도 모르게

기분이 좋아져요.

『감정호텔』
리디아 브란코비지 | 책읽는곰

△ + ■

『Edith』
안젤라 힐
작가가 20년에 걸쳐 기록한 딸 에디스의 모습을 담은 책. 어떤 꾸밈도 없이 주로 35mm 필름으로 촬영한 사진들의 느낌이 신비롭다.

아이가 나를 빤히 바라볼 때,
미소 지을때,
즐거운 표정으로
나와 놀아줄 때,
나에게 사랑한다고 문득 말할 때,

봄 햇살보다 따뜻한, 바다 물결보다 반짝이는 순간들이 찾아온다.

'아 이 순간을 평생 잊지 못할 것 같아!'

행복이 차오르는 순간들이 예상치 못할 때
찾아오면 형언할 수 없는
간지러움이 가슴을 채운다.

환상적인 공기의 입자가 나를 감싼다.

햇살에서 행복의 냄새가 난다는 것을 아이들을 통해서 배웠다.

『사랑과 시간은 비례하지 않는다』
스텔라 황 | 그래도봄

△ + ■

내가 무척 좋아하는 걸

친구들이나 어른들에게
말하기
힘들 때가 있어요.

"왜 그런 이상한 걸 좋아해?"라고
할까 봐요.

하지만
좋아하는 건 이상한 게
아니에요.

분홍색 담요를 어깨에 두르고,

맛있게
파프리카를 먹으며
말해 보아요.

"나는 이게 정말 좋아."

『다정한 말 단단한 말』
고정욱 | 우리학교

INSPIRATION

『My Husband』
도쿠코 우시오다

아이가 태어난 1978년부터 5년간 촬영한 흑백사진이 담겨 있다. 창고방 구석에 보관되어 있던 필름들이 40여 년이 흐른 뒤 발견되면서 두 권의 책으로 탄생했다.

△ + ■

차를 마시는 시간 동안 일어나는 일.

차 마시는 시간은

흰수염고래와 도롱뇽의 시간처럼
새털구름의 속도가
평균 속도인 시간.

아이 곁에서 엄마가 잠이 드는 시간.
귀 기울이지 않아도
들리는 작은 소리들의 시간.

오래 전, 누군가가 전한 인사말, 충고의 말,
고백의 말들이
뒤늦게 도착하는 시간.

그리고 비로소
지금보다 어린 그들에게
감사와 사과의 말을
정중히
건네는 시간.

노을 긴 천변을 지나, 저녁 준비에 분주한 부엌에 이르러,
이제는 그만 찻잔을 내려놓은 시간.

달그락 달그락

『차의 기분』
김인 | 웨일북스

INSPIRATION

『The Adventures of Guille and Belinda and The Enigmatic Meaning of Their Dreams』
알렉산다라 상귀네티

아르헨티나에 살고 있는 사촌들의 모습을 20년간 담은 작가의 시리즈 중 첫 번째 책으로, 이들이 각각 아홉 살, 열 살이던 때부터 5년간의 시간이 담겨 있다.

△ + ■

"네가 했던 말 중
가장
용감했던
말은 뭐니?"

소년이
물었어요.

"도와줘라는 말"

말이
대답했습니다.

『소년과 두더지와 여우와 말』
찰리 맥커시 | 상상의힘

INSPIRATION

△ + ■

『Tokyo and my Daughter』
타카시 홈마

친구의 딸이 아이에서 소녀로 성장해가는 모습을 도쿄의 다양한 장소에서 담았다. 변화하는 도쿄의 모습과 성장해가는 소녀의 모습을 교차해 흥미롭게 보여준다.

부모로부터 마음의 선물,
태도의 선물을
많이 받은 아이들은
삶을 살아가는 표준이 다르다.

나 역시 죽을 때까지 내 자녀들에게
그 선물을
매일 퍼주려 한다.

갑자기
오래 살아야 한다는 생각이 드는 건
아직 내가 충분히
그 선물을 주지 못했기 때문일 게다.

부모의 노릇이 '무엇'이 아닌 '어떻게'를 물려주는 것이라면 우리는 아직 성실히 멋지게 살아내야 할 시간이 충분하다.

나이 들어 부모로 사는 시간도
하루하루
빛나게 살 가치가 충분하다.

『김미경의 마흔 수업』
김미경 | 어웨이크북스

△ + ■

어린이는 어른보다 작다. 그래서 어른들 눈에 잘 띄지 않는다.
큰 어른과 작은 어린이가 나란히 있다면
어른이 먼저 보일 것이다.

그런데 어린이가 어른의 반만 하다고 해서
어른의 반만큼 존재하는 것은 아니다.

어린이가 아무리 작아도
한 명은 한 명이다.
하지만 어떤 어른들은 그 사실을
깜빡하는 것 같다.

인쇄된 글들을 앞에 두고 몹시 영민하게 좋은 부분과
나쁜 부분을 짚어내는 학생들의 목소리를 들으며 자세를 고쳐 앉았다.
그들 앞에서 생각 없이 해온 말들을 되감기했다.
그들이 통과하는 시절은 내가 이미 거쳐본 것이라고 섣불리 판단하며,

나보다 어리다고 긴장을 풀기도 했고,
불건전한 말들도 툭툭 내뱉으며,
얼마나 자주 경솔했는지 모른다.

『어린이라는 세계』
김소영 | 사계절

『부지런한 사랑』
이슬아 | 문학동네

그때 그 사람

"아, 저 사람.
내가 저래서 좋아했었어."

사랑할 만한 가치가 있던

사람으로
기억되는 것.

『언제 들어도 좋은 말』
이석원 | 을유문화사

『Coming and Going』
짐 골드버그

부모의 죽음, 사랑과 결혼, 아이의 탄생과 성장, 이혼의 아픔 등 작가의 자전적 이야기를 담은 책으로, 1999년부터 23년간 촬영한 일상의 순간들을 콜라주, 주석 달기 등을 통해 재구성한 작업을 담았다.

5월의 선물, 너의 마음을 그려봐

아이들의 손끝에서 나오는 모든 창작물은 기발하다. 5월의 주인공인 아이를 위해 컬러풀한 파티를 준비해보자. 소재를 가리지 않고 아이가 자신의 상상력을 자유롭게 표현할 수 있는 스타빌로의 '우디 3 in 1 듀오'와 사용감이 편한 어린이 맞춤형 사인펜 '트리오 스크리비'로 아이의 마음을 읽어줄 것.

1 스타빌로 우디 3 in 1 듀오 발색이 뛰어난 2가지 컬러의 팁이 장착된 '우디 3 in 1 듀오'는 색연필뿐만 아니라 왁스 크레용, 수채 물감 기능을 갖춰 종이, 창문, 타일, 고무, 나무 등 어떠한 소재에도 사용 가능하다. 굵고 둥근 보디로 아이들 손에 이상적이며, 던지거나 떨어졌을 때 잘 부러지지 않는 10mm의 두꺼운 연필심이 특징이다.
2 스타빌로 트리오 스크리비 미취학 아동을 위한 인체공학적 디자인의 수성 사인펜으로 힘 조절이 서툰 아이들을 위해 팁 손상 방지 특수 스프링을 장착했으며, 독특한 삼각형 모양의 보디로 그립감이 편하고 잘 굴러떨어지지 않는다.

△+■

WHO'S ROOM IS IT?

디자이너가 그린 아이 방

디자이너가 꿈꾸는 아이 방은 어떤 모습일까.
엄마 아빠 디자이너가
아이에게 선물하고 싶은 공간을 직접 그리고,
그 안을 채운 가구들을 소개한다.
4인 4색 아이 방 스케치.

정리 한미영 기자

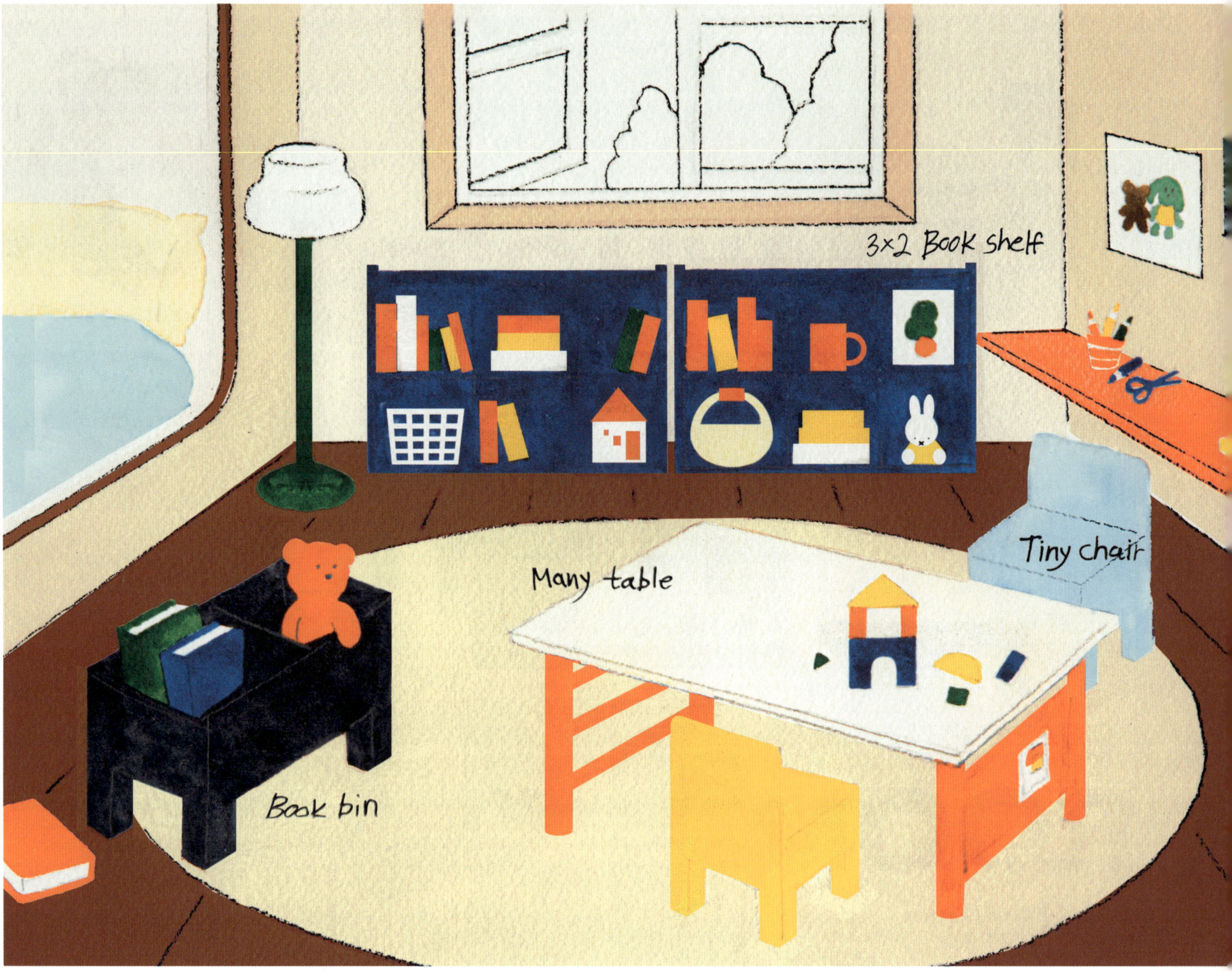

탬버린하우스
유예진·배남현

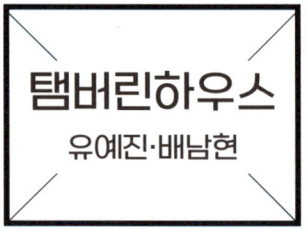

마음껏 상상하고 신나게 모험하는 공간

낮에는 마음껏 놀고 밤에는 책 속으로 모험을 떠나는 아이, 자유롭게 상상하며 만들고 그리느라 하루를 다 쓰는, 호기심 많은 아이를 위한 방을 디자인했다.

"방에 커다란 창이 있어서 집 안에서도 아이가 자연을 느끼고 세상이 움직이는 것을 볼 수 있으면 좋겠어요. 열린 생각을 할 수 있게요. 사시사철 변화하는 자연을 바라볼 수 있는 창은 그 어떤 것보다 아이에게 좋은 자극을 주거든요. 아이에게 집은 안전하고 따뜻한 공간이자 마음껏 놀 수 있는 공간이어야 합니다. 자유로운 창작 활동이 가능하도록 큰 테이블을 배치하고 한쪽 벽에는 작업대도 마련했어요. 포근한 침대가 있는 공간은 벽을 활용해 벙커침실로 만들어 더욱 아늑합니다. 침실에서 떠나는 책 속 모험이 흥미진진하기를 바라면서요. 리듬감 있는 컬러의 가구와 소품들로 다양한 자극을 선물하고 싶어요. 아이가 이 공간에서 마음껏 놀고 무엇이든 꿈꿀 수 있기를!"

△ + ■

1 매니테이블
한 가지 쓰임에서 벗어나
아이에게 영감을 주는
예술놀이 테이블
1200×700×500mm
69만2천원

2 타이니체어
종이접기를 한 듯 반듯하고
재미난 모양이 특징인
어린이용 의자
280×290×420mm
19만5천원

3 북빈
아이의 책과 장난감을
보관하기 좋은 작은 책꽂이.
이동이 쉽고, 많은 양의
책을 보관할 수 있어
공간 활용에 효율적이다.
600×305×370mm
22만8천원

4 북셸브3×2
정사각형의 안정감에 다양한
색감을 더해 편안한 정서와
예술적 자극을 동시에 주는
책장. 짜임 방식으로 제작해
아이가 자라는 내내 사용할 수
있을 만큼 견고하다.
1000×290×690mm
54만2천원

유예진·배남현 디자이너

아이들을 위한 가구를 만들며 탬버린하우스를 운영한다. 컬러와 형태가 주는 즐거움을 고민하고, 아이들이 자유롭게 상상력을 발휘할 수 있는 공간을 궁리한다. 만들고 그리는 걸 좋아하는 부부를 꼭 닮은 8살 아이 그루와 함께 산다.
tambourine-house.com

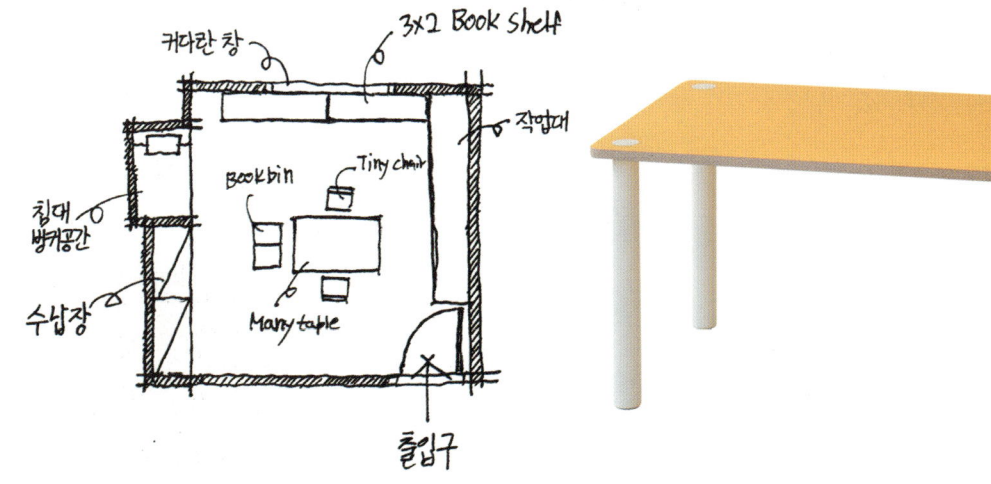

5 비기닝 테이블
막 앉기 시작한 아이와 놀이, 책
읽기 등 즐거운 일상을 보낼 수
있는 어린이용 소파 테이블
700×700×360mm
59만6천원

6 버튼테이블
넉넉한 크기로 여럿이 함께
놀이가 가능한 어린이용 테이블
950×585×500mm
42만8천원

SUGGESTION

도잠
이정혜

어른과 아이가 함께 쓰는 공간과 가구

호기심 많은 아이는 궁금한 걸 질문하고 대화하면서 점차 자신의 세상을 확장해나간다. 무언가에 집중하면 그 과정을 끝까지 해내는 끈기 있는 아이를 위한 공간을 디자인했다.

"어른과 아이가 같은 공간에서 함께 쓰는 가구를 지향합니다. 거실을 아이 활동의 중심 공간으로 만드는 걸 제안합니다. 어른들이 주방에서 식사를 준비하거나 소파에서 쉬는 동안 아이들은 책을 읽고 그림을 그리며 어른들과 편안하게 대화를 할 수 있기 때문이예요. 'DOKI 책걸상 세트'는 아이들이 폭발적으로 성장하는 시기에 편하게 적응할 수 있는 규격으로 만들었어요. 못과 나사 없이 짜맞춤으로 견고하게 제작해 체구가 큰 어른이 앉아도 편안함을 느낄 정도로 튼튼합니다. 책상은 소파테이블을 겸할 수 있는 높이로 만들어서 어른들과 마주 보고 사용할 수 있어요. 'SKIRT 책장'은 어른 책과 아이 책을 함께 수납했을 때 이질감이 없이 자연스럽게 섞입니다. 아이들이 붙잡고 일어서거나 기어올라도 끄떡없죠. 좌식 독서대는 바닥 생활에 익숙한 아이가 쉽게 올라가 책을 펼칠 수 있기 때문에 편리합니다."

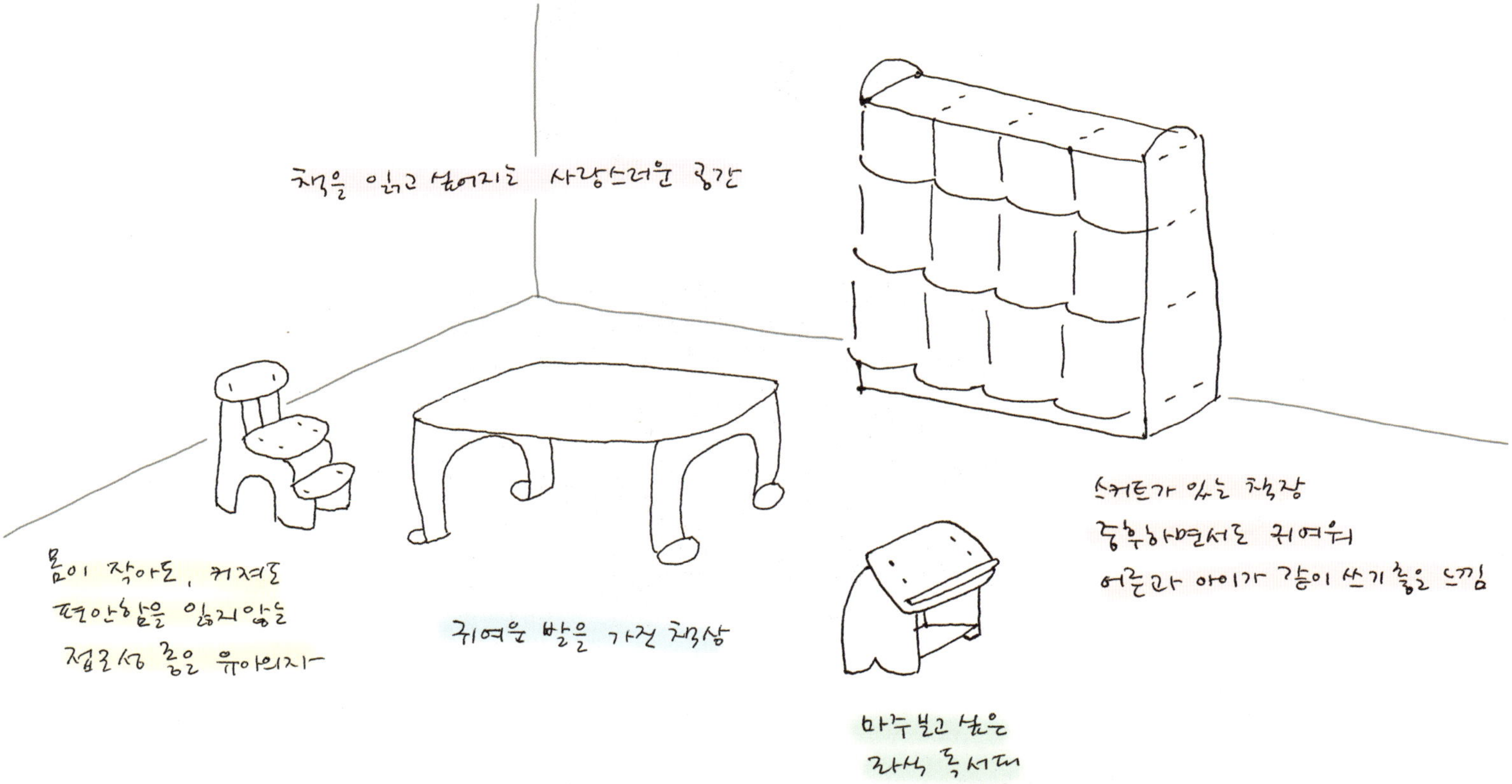

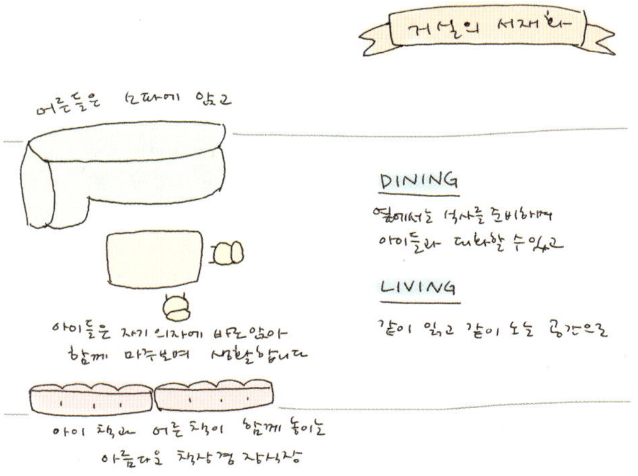

책을 읽고 넘어지는 사랑스러운 공간

몸이 작아도, 커져도
편안함을 잃지않을
접근성 좋은 유아의자

귀여운 발을 가진 책상

스커트가 있는 책장
중후하면서도 귀여워
어른과 아이가 같이 쓰기 좋은 느낌

마주보고 넓은
좌식 독서대

거실의 서재화

어른들은 소파에 앉고

DINING
옆에서도 식사를 준비하며
아이들과 대화할 수 있고

LIVING
같이 읽고 같이 노는 공간으로

아이들은 자기 의자에 바로앉아
함께 마주보며 생활합니다

아이 책과 어른 책이 함께 놓이는
아름다운 책상겸 장서장

이정혜 디자이너

서울대에서 산업디자인을 전공하고 스물다섯부터 마흔셋까지는 그래픽 디자이너로 일했다. 마흔다섯에 합판 짜맞춤 가구 제작 기술을 개발하고 도잠을 설립했다. 쓰임을 통해 삶의 구조를 바꿀 수 있는 관계 지향적 디자인을 추구한다. dozamm.com

△ + ■

1 (왼쪽부터) DOKI 어린이의자,
DOKI 어린이책상,
DOKI 유아의자

아이들이 폭발적으로 성장하는 2~9세 어느 시기에나 편하게 적응할 수 있는 규격이다. 접근성이 좋아 아이가 자율적으로 자리에 앉아 학습과 활동에 집중할 수 있다.

책상 1인용
900×500×520mm
32만 8천원

다인용
1200×600×520mm
42만 8천원

어린이의자
340×350×590mm
11만 4천원

유아의자
380×400×590mm
13만 4천원

2 BOOKOO 전면책장

집 안 어디에나 자유롭게 비치할 수 있는 전면 책장. 벽에 고정하지 않아도 책장이 넘어지지 않는다. 자주 보는 책, 표지가 예쁜 책들을 앞면이 보이도록 올려두고 편하게 꺼내볼 수 있다.

600x140x600mm
12만 8천원

3 GRIGOTTO 테이블 이젤

책상에 앉아 그림을 그릴 때, 책을 읽을 때, 디지털 기기를 사용할 때도 안정적인 각도로 바른 자세를 유지하도록 도와준다. 어른과 아이 모두 사용할 수 있다.

460x360x230mm
7만 8천원

4 좌식 독서대

아이가 바른 자세로 앉아 책을 읽을 수 있는 독서대. 책상이 없어도 되므로 공간 활용도가 높다.

450x310x440mm
9만 8천원

5 SKIRT 책장

책을 꽂으면 돋보일 뿐 아니라 물건을 올렸을 때 장식장 기능까지 하는 책장. 공간과 책의 양, 크기에 따라 맞춤 제작할 수 있다. 아기 책장은 3단 6열을 추천한다.

1200x280x1100mm
58만 8천원 *3단 6열 아기 책장 기준

SUGGESTION

쏘유2
유경옥

아이와 함께 자라는 아지트

전투기와 건축물 그림책을 좋아하고, 본 것을 재해석해 그림을 그리거나 종이접기로 만드는 아이를 위한 방이다. 매일 새로운 작품이 탄생하는데, 잘 버리지 못하는 아이를 위해 아이가 자라면서 함께 자라는 아지트 같은 공간을 그렸다.

"아이가 마음껏 그림 그리기와 만들기를 할 수 있도록 'ㄱ'자 시스템 책상과 수납장을 배치했습니다. 아이 키에 맞는 넉넉한 사이즈의 책상과 의자, 그리고 미술 재료를 많이 올려두고 쓸 수 있도록 했죠. 만 5세 아이의 생활과 학습 습관을 잡으려면 책상과 의자 크기가 무척 중요한데요. 아이의 성장 발달에 맞추어 섬세하게 크기를 조정해 디자인한 덕분에 안정적으로 책상 의자에 앉는 습관을 들였습니다. 책상 앞에는 자신이 만든 작품을 자유롭게 진열할 수 있도록 벽면을 글라스 보드로 마감하여 아이만의 갤러리를 만들어주었어요. 키 큰 책장은 공간을 분리하는 파티션 역할을 해 학습 공간과 수면 독서 공간을 구분했고요. 쏘유2 벙커 클래식3을 배치해 상부는 침실로, 하부는 아늑한 독서 공간으로 꾸몄습니다."

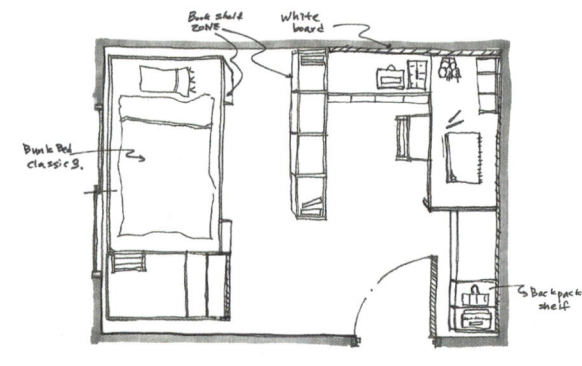

유경옥 디자이너

가구 공간 디자이너로 중학생, 만 5세인 두 아들을 키우는 엄마다. 주식회사 쏘유 대표이사이며, 홍익대 목조형가구학과 겸임교수로 있다. 부모와 아이들이 함께 자라며 채워가는 공간에 대한 고민을 쏘유2를 통해 풀어가고 있다. soyoo2.com

△ + ■

1 벙커 클래식3
안전한 계단과 사다리 이중 구조로 36개월부터 사용할 수 있는 벙커침대다. 상부 침대와 하부 책장을 분리할 수 있다.
2750×1170×1800mm
529만원

2 책상 의자 세트
학령기에 들어서는 만 5세부터 초등학교 저학년 아이가 사용할 수 있는 책상 의자 세트. 묵직하고 아이 발이 바닥에 닿는 높이여서 집중력과 학습 습관 들이기에 도움이 된다.
책상 900×500×620mm
의자 360×350×650mm
98만1천원

3 클래식시스템 하부도어장
아이 책상과 연결해 사용하기에 적합한 수납장. 아이 눈높이에 맞아 윗면은 진열대로 사용 가능하다.
1500×450×600mm
149만원

4 클래식시스템 키 큰 책장 10칸
자작나무로 제작한 키 큰 맞춤 책장은 공간을 나누는 파티션으로 활용할 수 있다.
880×290×맞춤높이mm
149만원

5 클래식시스템 하부장 4칸
오픈형 수납장으로 자주 사용하는 물건을 수납하기에 적합하다.
800×430×600mm
79만원

6 유아소파
자작나무 암체어로 쿠션을 분리해 세탁할 수 있다.
Small 400×370×450mm
Medium 480×420×570mm
39만9천~47만9천원

바치
이하연

매일 새로운 작품을 전시하는 아이만의 갤러리

그림 그리고 만드는 것을 좋아하는 아이는 매일 새로운 작품을 완성하고 전시한다. 아이의 하루 일상과 상상력이 넘치는 작품을 마음껏 전시할 수 있도록 갤러리 같은 공간을 선물한다.

"햇볕이 잘 드는 창가에 가장 큰 놀이 테이블을 배치했습니다. 조명을 사용하지 않아도 놀이 활동을 하기에 충분해요. 창문을 열고 살랑거리는 바람을 맞으며 창작활동에 열중하면 시간 가는 줄을 몰라요. 침대는 가장 안정감 있는 코너에 배치했는데요. 신나게 놀다 눈꺼풀이 무거워질 때 슬쩍 침대에 올라가 낮잠을 자기도 합니다. 아이가 매일 새로운 창작물을 만들기 때문에 가구는 최소한의 것만 배치하고, 벽면의 여백도 유지해야 해요. 가끔 바닥에 앉아서 놀기도 해서 작은 러그를 깔아주었습니다. 초등학교 입학 전이어서 슬림한 책장에 미술 도구들을 보관합니다."

이하연 디자이너

가족을 위한 다양한 라이프 스타일 제품을 디자인하는 바치 대표이다. 공간과 조화를 이루며 오랫동안 사용할 수 있는 가구와 소품을 만든다.
bacci-bfc.com

△ + ■

1 비비 보드
가로 세로 스트라이프 패턴과 라운드 마감 액자 프레임으로 완성한 보드. 화이트보드와 자석보드로 두루 활용할 수 있다.
650×30×800mm
35만원

2, 3 스티치 바스켓과 펠트 바스켓
도톰한 펠트 소재로 만든 정리함으로 가볍고, 작은 용품을 정리하기 좋다.
각각 5만5천원, 3만5천원

4 롱 라운드 책장
단면을 둥글게 마감해 모서리가 없는 책장으로, 슬림해서 자투리 공간에 활용하기 좋다.
380×315×1110mm
75만원

5 탈루스 체어
슬림한 타원형 등받이 디자인으로, 앉는 부분에서 등받이까지 부드러운 곡선이 이어져 앉으면 편안하다.
345×310×620mm
각 27만원

6 루아 드로잉 테이블
넉넉한 수납이 가능한 선반 형태의 다리 구조 테이블
1230×630×550mm
88만원

7 그린 카 러그
머신 터프팅 기법으로 제작한 러그
520×360mm
16만원

8 침대 라일락
3면 가드 형태의 패밀리 침대. 프레임과 범퍼 쿠션 커버 색상을 달리 하여 나만의 취향이 담긴 침대를 완성할 수 있다.
2120×1000×650mm
200만원

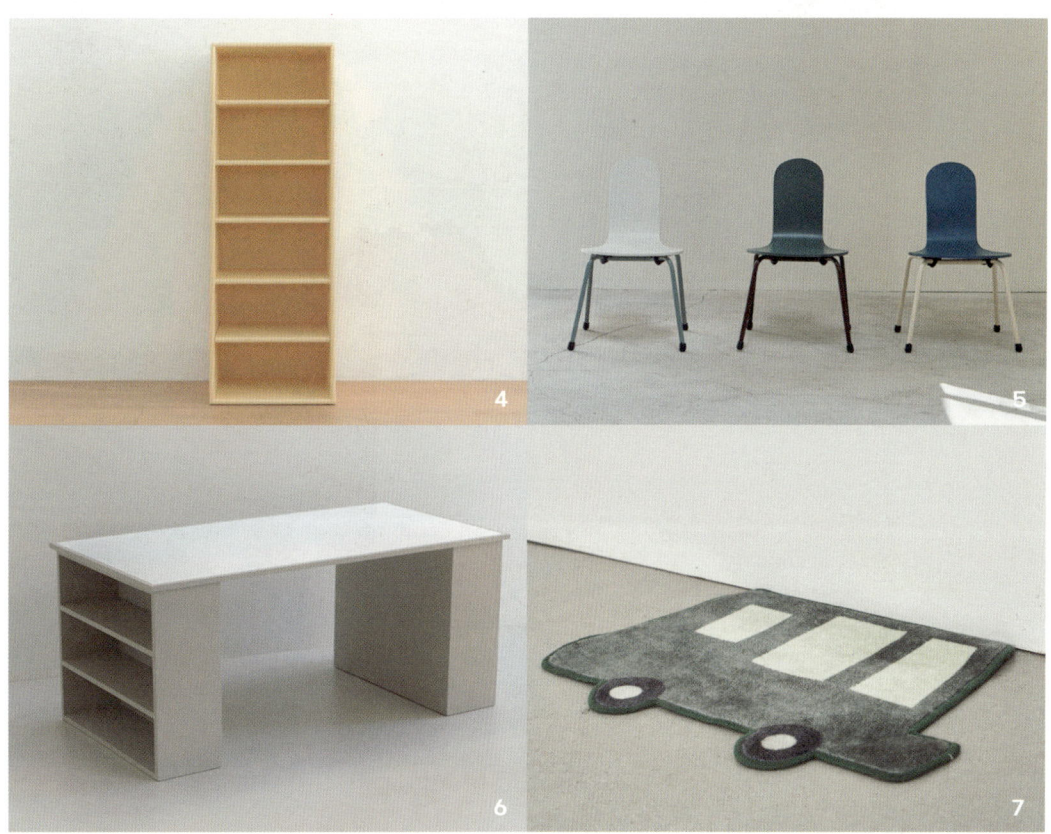

INTERIOR

트립트랩

처음부터 함께, 우리 아이의 최고의 친구 트립트랩. 세계적인 산업디자이너 피터 옵스빅이 디자인하여, 유아의자 디자인의 패러다임을 바꾼 제품. 아이 성장에 맞춰 시트와 발판 조절을 할 수 있어, 신생아부터 평생 사용할 수 있다. 신규 색상인 테라코타는 차분한 오렌지 색상으로 따뜻하고 온화한 느낌을 선사한다.

처음부터 함께
우리 아이의 친구, 스토케

북유럽 디자인에 뿌리를 두고 전 세계에서 그 가치를 인정받고 있는 브랜드 스토케. 시대를 초월하는 디자인과 뛰어난 품질, 부모와 아이의 더 깊은 교감을 돕는 혁신적인 설계로 프리미엄 유아, 아동 제품을 선보인다. 아이 방과 가족의 공간을 넘어 그들이 함께하는 라이프스타일을 디자인한다.

△ + ■

스누지
언제 어디서나 완벽한 수면 환경을 제공하는 휴대용 아기 침대. 가볍고 조립이 용이해 이동 및 외출, 여행할 때 유용하며, 단단한 매트리스 코어와 3D 매시 소재로 통기성이 뛰어나다. 높이 76cm, 무게 7.3kg, 0~9개월까지 사용 가능한 프리미엄 아기 침대.

노미
트립트랩에 이어 피터 옵스빅이 디자인한 두 번째 유아의자로 인체공학적 디자인 철학을 담아 어떤 자세로 앉아도 편안하다. 4.68kg의 가벼운 몸체와 하단의 바퀴로 쉽게 이동 가능하며, 움직이는 아이의 몸을 안정적으로 지탱해 활동성을 넓힌다.

슬리피
부드러운 타원형 곡선으로 둥지와 같은 디자인의 유아용 침대. 아기 성장에 따라 변형, 확장이 가능하며, 유럽산 너도밤나무로 제작해 깔끔하고 오래 사용할 수 있다.

뮤테이블
놀고 배우고 아이와 함께 성장하는 놀이 테이블. 다양한 놀이가 가능한 3개의 양면 보드가 포함되며, 18개월부터 8세까지 사용 가능하다.

INTERIOR

요요 봉쁘앙 베이지 뉴본팩(좌) & 요요 봉쁘앙 베이지 컬러팩(우)
아름다운 봉쁘앙 패브릭을 만난 유모차 요요. 신생아부터 만 5세까지 사용 가능한 초소형, 초경량 휴대용 유모차로, 뛰어난 기술력을 갖춘 요요와 프랑스 명품 키즈 패션 브랜드 봉쁘앙이 협업해 탄생했다.

△ + ■

플렉시바스
행복한 배스타임을 선물하는 휴대용 아기 욕조. 보관과 휴대가 간편한 접이식 아기 욕조로 물의 온도를 감지해주는 온도 감지 플러그와 미끄럼 방지 처리로 안전하다. 신생아 서포트 및 스탠드와 같은 액세서리를 더해 편안한 배스타임을 즐길 수 있다.

세트 스타일링 최새롬(가호 스튜디오)
모델 김태리(생후 10개월)
의상협찬 베네베네(www.benebene.co.kr)
문의 스토케 코리아(www.stokke.com)

사진 제이콥 마이어스 글 한미영 기자

MOMENT.1

첫걸음

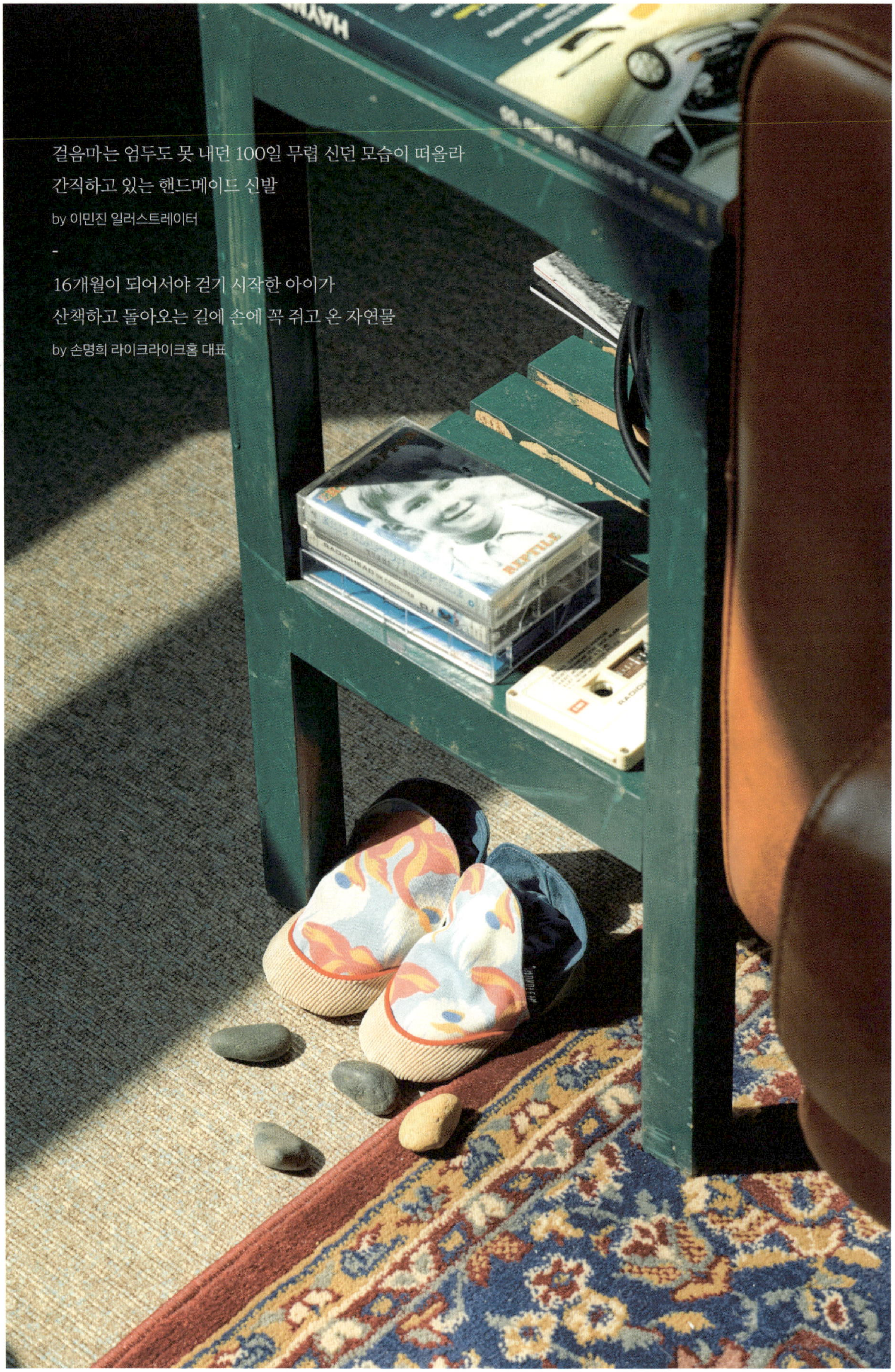

걸음마는 엄두도 못 내던 100일 무렵 신던 모습이 떠올라
간직하고 있는 핸드메이드 신발

by 이민진 일러스트레이터

-

16개월이 되어서야 걷기 시작한 아이가
산책하고 돌아오는 길에 손에 꼭 쥐고 온 자연물

by 손명희 라이크라이크홈 대표

△ + ■

아껴둔
아이의 순간

달콤하고 부드러운
아기 냄새의 끝을
붙잡으려
코를 박고
킁킁거리고,

작디작던
아이 모습이 그리워
스마트폰으로
시간여행을 한다.

간직하고 있던
아이 물건을 보고
둥실 떠오른
한 장면에
미소가
피어나기도,

콧날이
시큰해지기도 한다.

10명의 엄마가
고이
간직해둔
아이의 순간을
꺼내 들었다.

부엌에서 쌓은 추억이 너무 맛있어서
쉽게 치우지 못하는, 곳곳에 자리잡은 아이의 살림살이

by 박선영 기자

MOMENT.2

너의 모든 순간

△ + ■

"네가 끄적거린 그림과 글을 차곡차곡 모아두었어.
너의 순간들을
기록하고, 기억하고 싶어서"

아이가 그린 그림을 차곡차곡 모아두었다가 그중 하나를 골라 표구한 액자,
소리나는 대로 써준 첫 편지, 방에
꽁꽁 숨어서 엄마 생일선물로 준비해준 색종이 보물상자

by 손명희 라이크라이크홈 대표

THINGS

"재미있고 재미있고 재미있는
친구를 찾아봐. 유심히"
...
"너랑 나 같아도 달라도 좋아해"
- 그림책 『내친구 ㅇㅅㅎ』 발췌

MOMENT.3

내 친구

아이가 태어나기 전 벼룩시장에서 구입한 낡은 장난감은
'찍찍이 기차'가 되어 작은 인형과
잡동사니를 태우고 집안 곳곳을 누볐다.

by 전선명 일러스트레이터

-

준우가 두 살 무렵 소방차에 관심을 보여
구입한 첫 자동차 장난감.

by 신한잎 무드피치 대표·피재욱 전시기획자

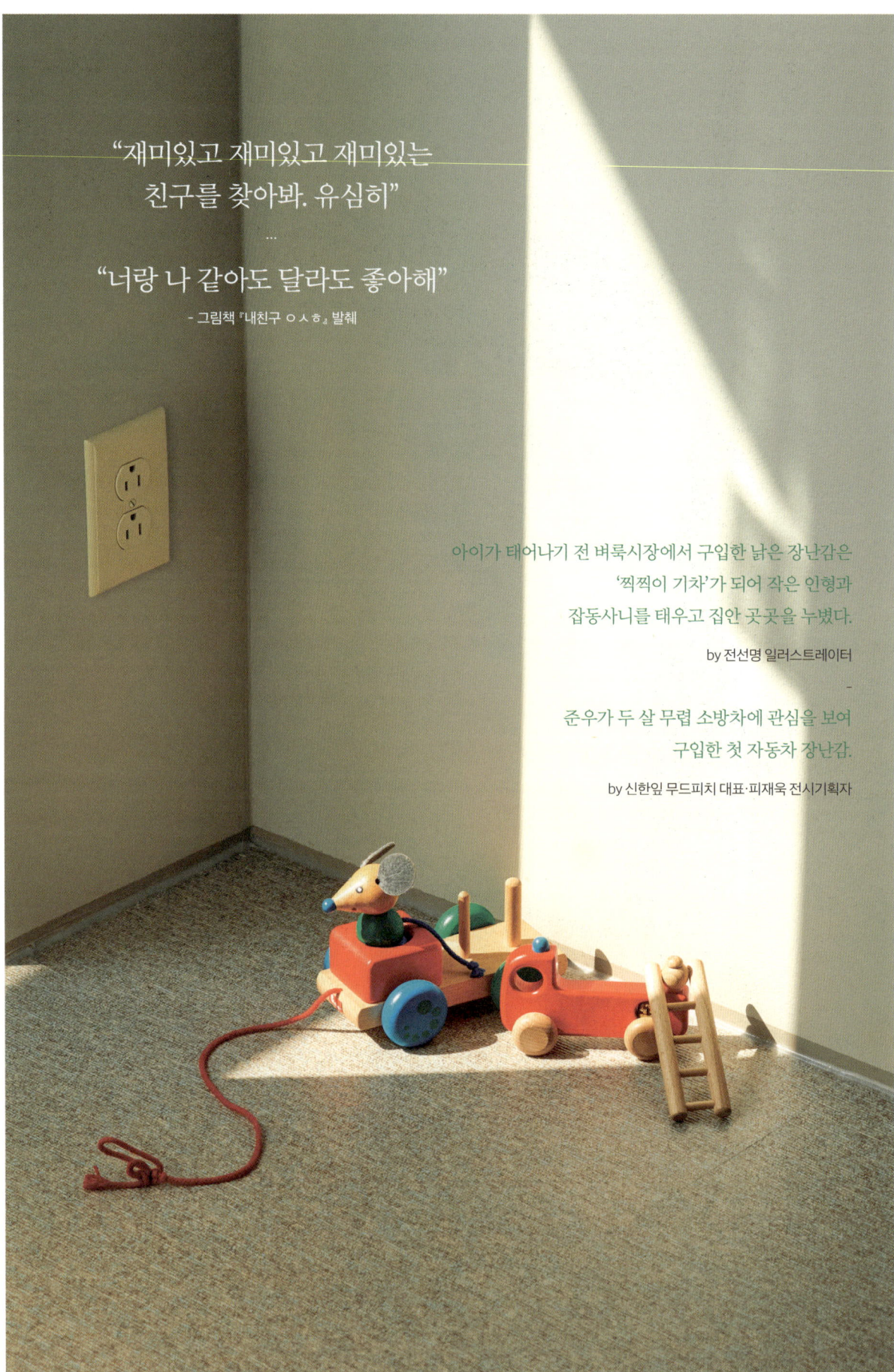

△ + ■

아이가 그린 그림을 그대로 본떠 만든 곰 인형.
작은 심장을
함께 만들어 가슴속에
넣어주었다.

by 조인숙 버튼티숍 대표

첫째 아이가 선물 받은 애착인형이
둘째에게 전달돼
오랜 시간 사랑받고 있는
젤리캣 버니

by 신한잎 무드피치 대표 · 피재욱 전시기획자

깁고 꿰매느라 모습은 조금씩 변해도 사랑을
독차지하는 '야야'

by 곽소영 다다손손 대표

잠자리 친구이자 여행 메이트였던 '깡총이'는
중학생이 된 아이에게 지금도 동생 같은 존재

by 방수형 하우키즈풀 대표

THINGS

유치원에 다니던 아이를 모델로 사이즈 조절이 가능해
오래 입힐 수 있도록
개발한 아이 한복 샘플과 논문

by 김혜진 혜윰한복 대표

수십 수백 번 '잘 자요'를 속삭이며 달달하게 잠들게 해주던,
아이의 손때로 색이 바랜 그림책

by 박선영 기자

열정적인 구강기를 보낸 아이의 치발기.
기린 치발기에게 그저 고마운 마음이다.

by 오정림 편집장

아이가 처음으로 그려준 엄마의 모습

by 신한잎 무드피치 대표 · 피재욱 전시기획자

△ + ■

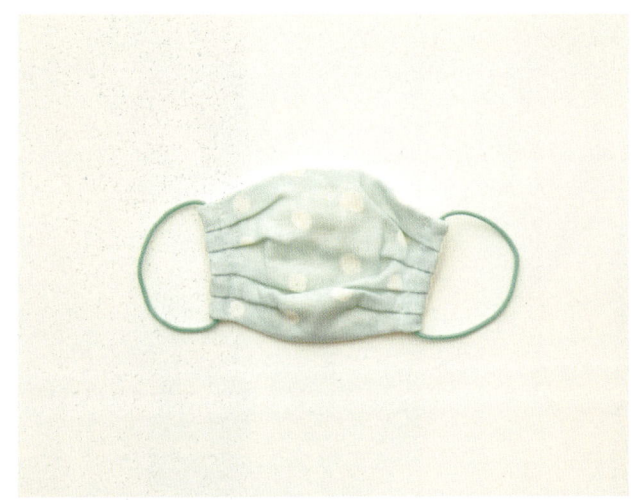

부드럽고 따뜻하면서 아이가
불편하지 않기를 바라는
마음을 담아 고른 베이비 알파카 블루 보디슈트

by 신한잎 무드피치 대표 · 피재욱 전시기획자

마스크 구하기 힘들던 코로나 초기에
발을 동동 구르며 만든 아이 마스크.
세상에 우리뿐인 것처럼
들러붙어 살았던 기억이 고스란히 담긴 기념품

by 양정은 호호당 대표

여행 중 빈티지 숍에서 사둔 빈티지 패브릭을 새벽녘 틈틈이
손바느질해서 세 살까지 입힌 스커트

by 이민진 일러스트레이터

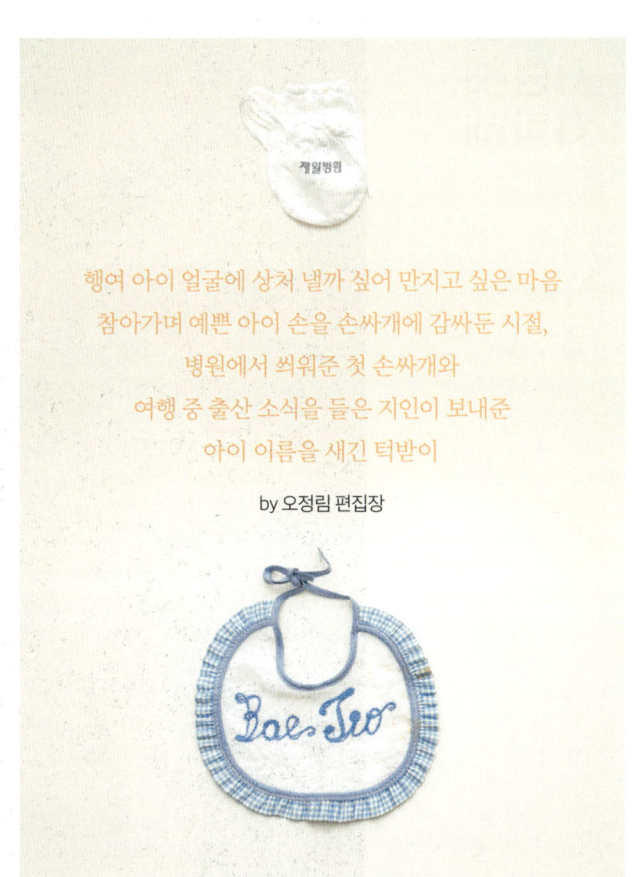

행여 아이 얼굴에 상처 낼까 싶어 만지고 싶은 마음
참아가며 예쁜 아이 손을 손싸개에 감싸둔 시절,
병원에서 씌워준 첫 손싸개와
여행 중 출산 소식을 들은 지인이 보내준
아이 이름을 새긴 턱받이

by 오정림 편집장

MOMENT.4

사랑해
사랑해
사랑해

돌상에 오르는 오색 경단을 수놓아 만들었지만
완성이 늦어져 입히지 못한 누비옷.
일하며 아이 키우느라 옷 한 벌 완성하는 게 벅차던 시절이
떠올라 콧잔이 시큰해지곤 한다.

by 양정은 호호당 대표

△ + ■

천을 한땀 한땀 꿰매어 땅땅을 만들고 솜을 넣어 누빈 낮잠이불.
꽤나 오래동안 아이들을
감싸준 물건이라 다 해졌지만 간직하고 있다.

by 조인숙 버튼티숍 대표

시아버님이 입던 옷의 원단을 시어머니에게서 받아 지은 아이 옷.
남매 세트로 만들어 입히고 인형 옷도 만들어주었다.

by 최희주 공예 작가

차세대 디럭스 스트롤러
부가부 폭스5

어떤 지형에서도 부드러운 주행감과 승차감, 쉬운 방향 전환 등으로 이미 잘 알려진 '부가부 폭스'를 주행, 폴딩, 핸들바 높이, 시트 각도까지 한 손으로 조절할 수 있게 업그레이드 한 최신 제품. 아홉 가지 컬러 캐노피, 두 가지 컬러 섀시, 두 가지 컬러 시트 패브릭으로 취향에 따라 커스터마이징이 가능하다.

편리함의 대명사, 절충형 스트롤러
부가부 드래곤플라이

업계 최초로 특허를 받은 '스탠드-업 폴딩' 기능으로 허리를 굽히지 않고 유모차를 한 손으로 접을 수 있는 제품. 네 바퀴에 적용한 서스펜션 시스템과 플랫 휠 디자인으로 섬세한 핸들링과 부드러운 주행감을 제공한다. 탈착식 수납 포켓, 대형 장바구니 등 다양한 수납 시스템을 겸비해 가볍고 편리하게 외출할 수 있다.

1, 2인용 전환 가능한 컨버터블 스트롤러,
부가부 동키5

프리미엄 쌍둥이 유모차로 잘 알려진 '부가부 동키5'는 클릭 세 번으로 1인용에서 2인용으로 또는 그 반대로 쉽게 전환할 수 있어 두 아이가 나란히 또는 마주 앉아 교감할 수 있다. 발포 고무 소재 대형 바퀴는 회전이 쉽고 주행감이 부드러워 아이 둘을 태워도 핸들링이 가볍다.

▲+□

안전하고 품격 있는 아이의 자리

언제 어디서나 아이에게 안전하고 편안한 모험을 선물할 수 있다면!
부모의 마음을 담은, 네덜란드 프리미엄 육아 솔루션 브랜드 부가부Bugaboo의 다섯 가지 제안.

1초 폴딩 휴대용 스트롤러, 부가부 버터플라이

단 1초 만에 접고 펴는 것이 가능하고, 콤팩트한 디자인으로 아이와 함께하는 여행에 제격이다. 기내 선반이나 자동차 트렁크 등에도 손쉽게 보관할 수 있으며, 등받이가 63cm로 휴대용 유모차 중 가장 길어 아이가 성장하더라도 편안하게 사용할 수 있다.

▲ + □

**프리미엄 하이체어,
부가부 지라프**

유모차, 접이식 아기침대에 이어 부가부가 새롭게 선보인 하이체어. 발 받침대와 시트 높이를 공구 없이 쉽게 조절할 수 있어 편리하다. 피라미드 형태의 안전한 디자인과 신생아세트, 락커, 트레이, 베이비세트, 체어의 다섯 가지 시트 솔루션을 통해 신생아부터 최대 100kg까지 전 연령이 사용할 수 있으며, 무게가 5kg으로 가벼워 이동이 편리한 것이 특징이다. 다섯 가지 컬러로 출시되었으며, 2023년 레드닷Reddot 어워드 및 IF 어워드 골드를 수상한 뛰어난 디자인으로 실내 어디에 두어도 잘 어울린다.

SPECIAL

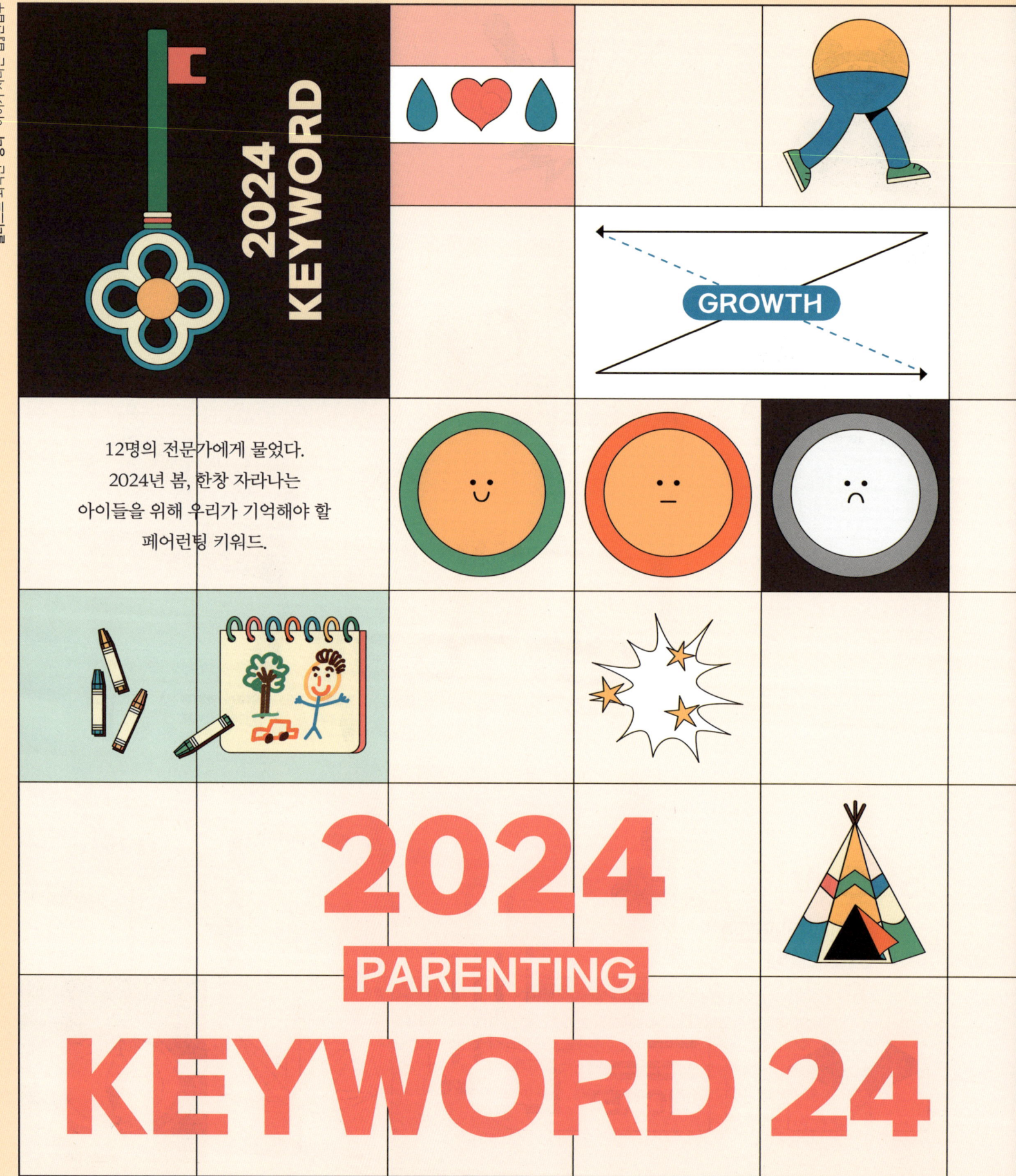

2024 KEYWORD

12명의 전문가에게 물었다.
2024년 봄, 한창 자라나는
아이들을 위해 우리가 기억해야 할
페어런팅 키워드.

2024 PARENTING KEYWORD 24

SPECIAL

1 대면 소통
KEYWORD

노규식

연세휴클리닉
노규식공부두뇌연구원 원장

SBS 「영재발굴단」, 「우리 아이가 달라졌어요 리턴즈」 등의 다양한 방송 활동과 『공부는 감정이다』, 『책 읽는 아이 심리 읽는 엄마』 등 아이들의 심리와 학습에 관한 다양한 책을 썼다. 국제학회인 신경과학자들의 모임과 대한소아정신과학회에서 활발한 연구 활동을 하고 있으며, 연세휴클리닉을 운영하며 수많은 아이들과 부모들을 만나 함께 '치유'의 길을 모색하고 있다.

현재 아이들의 특성을 이해하려면 코로나19를 빼놓을 수 없습니다. 코로나19를 겪으며 우리 사회는 비대면에 익숙해졌고, 소위 '알파세대'는 모든 소통이 손안의 디바이스로 이뤄진다고 해도 과언이 아니죠. 때마침 챗GPT 기술이 빠른 속도로 우리 생활에 들어와 지식을 얻기 위한 소통까지 인공지능(AI)으로 가능해졌습니다. 자연스럽게 사람 간의 소통이 줄면서, 사람과 대면할 때 어려움을 느끼는 아이들이 많아요. 아이가 주변 사람들과 어떻게 소통하

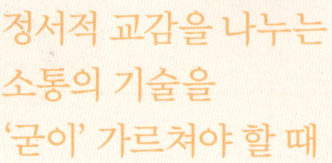

정서적 교감을 나누는 소통의 기술을 '굳이' 가르쳐야 할 때

고 있는지 관심을 가져야 합니다. 눈 맞추고 포옹하며 정서적으로 교감하던 '소통'을 '굳이' 가르쳐야 하는 시대입니다.

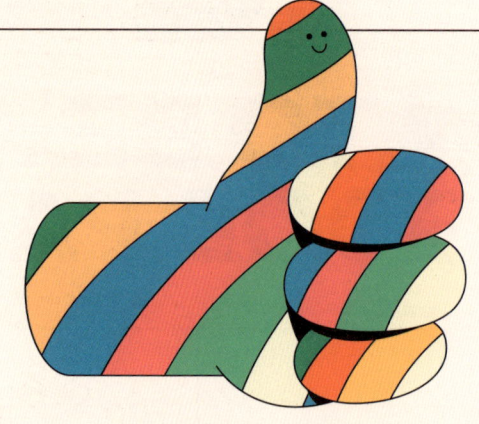

자기 자신에게 '멋진 사람'이 되어 살게 했으면 좋겠어요. 경쟁에서 밀리고 실패했을 때 아이들은 부모와 친구 등 타인의 시선을 가장 두려워합니다.
타인의 기준이 아닌 나의 기대에 맞춘 삶, 내가 뿌듯한 일을 찾는 삶을 살며 스스로 멋지다고 느끼는 사람이 되는 것이 중요하죠.

2 나에게 멋진 사람
KEYWORD

3 가족 문화
KEYWORD

다른 집 아이들은 모두 학원에 다니는데 우리 아이만 안 보내자니 불안하신가요? 아이가 꾸준히 읽고 쓰는 한(요즘은 사진이나 영상을 보고 제작하는 것 포함), 당신 아이의 지성은 안전합니다. 좋은 책 한 권 읽고, 좋은 영화 한 편 보는 것이 문제집 한 권 푸는 것보다 백배 낫지요. 온 세상 사람들이 다 그렇게 지성을 쌓고 있어요. 그게 한국에서는 유독 학원과 문제집으로 둔갑할 뿐입니다. 그래서 4차 산업혁명 시대에 킬러문항 운운하며 점점 교육적 경쟁력을 잃어가지요. '가족 문화'를 키우는 일이 중요합니다. 영화 보기든, 캠핑이든 아이와 함께 할 수 있는 것을 꾸준히 즐기세요. 아이가 자라는 만큼 가족 문화도 자라고, 가족 문화가 자라는 만큼 아이의 꿈도 자라납니다.

양육의 어려움을 호소하는 엄마들 대부분이 처음엔 '아이와 성격이 안 맞아서', '아이가 예민해서' 힘들다고 말해요. 하지만 심도 있는 대화를 나눠보면 결국 '내 마음을 읽는 데 어려움이 있어서 타인의 마음을 읽는 데도 어려움을 겪는다'는 보다 근원적인 결론에 도달하죠.

만약 그동안 아이의 '마음'보다 '능력'에 대한 말들을 주로 했다면, 이제부터는 서로의 마음에 대해 자주 이야기하길 바라요. 그리고 아이가 마음을 표현하면 일단 존중해주길 바랍니다.

아이 "나 지금 기분이 안 좋아서 말하기 싫어."
양육자 "그래. (할많하않) 그럼 네가 말하고 싶을 때 다시 하자."

이처럼 간단한 존중, 그것이 마음 맺기의 시작입니다.

오소희
여행작가
언니공동체 대표

세 살 아이와 세계 구석구석을 여행한 '엄마와 아이 여행'의 창시자. 어떻게 살 것인가와 어떻게 키울 것인가를 치열하게 고민하며 『바람이 우리를 데려다주겠지』, 『엄마의 20년』 등 17권의 책을 썼다. 네이버 프리미엄 콘텐츠 「그 언니의 방」에서 '가치육아'를 연재하고 있으며, 뜻을 함께하는 여성들과 활동 플랫폼 '언니공동체'를 운영 중이다.

4 마음 말하기
KEYWORD

5 내비게이션
KEYWORD

부모는 아이보다 먼저 태어나고 먼저 사회를 경험해본 사람으로서, 삶을 살아가는 데 필요한 방법들을 아이에게 알려주려 합니다. 아이에게 부모는 세상을 살아가는 내비게이션이 되는 셈이죠. 그런데 가장 중요한 것은 목적지를 검색하고 이에 따라 도착하는 힘은 결국 '사용자'에게 있다는 거예요. 인생의 목표를 정하고 그 길을 찾아가는 힘은 결국 아이에게 있다는 것을 기억하며, 아이의 자율성과 주도성을 존중하고 신뢰하는 내비게이션이 되어주길 바랍니다.

임세와
유니세프 사회공헌본부
기업후원팀·사회복지학 박사

유니세프 한국위원회에서 모든 어린이가 존중받는 사회를 만들기 위해 활동하고 있다. 주연&세연 남매를 키우며 아이들의 마음을 읽고, 있는 그대로 지지하려 노력한다. 서로의 관계를 존중하는 삶을 지향한다.

> 경험과 시간이 쌓이면서 없던 길이 만들어지기도 하고, 스스로 좋은 것을 찾아 다다른 끝이 바로 목적지인 귀납적 삶의 방식도 있으니까요.

동서고금을 막론하고 어린이들에 대한 공통적인 질문, 바로 꿈과 장래 희망이 아닐까요? 이러한 질문에 자신이 되고자 하는 바를 명료하게 알고 답하는 경우 똘똘하고 멋져 보일 수도 있어요. 그러나 목적지를 먼저 정해놓지 않고 원하는 것을 찾아가는 삶의 방식을 가르쳐주면 어떨까 합니다. 경험과 시간이 쌓이면서 없던 길이 만들어지기도 하고, 스스로 좋은 것을 찾아 다다른 끝이 바로 목적지인 귀납적 삶의 방식도 있으니까요. 우리 아이들이 앞으로 만들어갈 그들의 여정을 그저 믿고, 옆에서 힘이 되어주면 좋겠어요.

6 귀납의 힘
KEYWORD

함께도생
KEYWORD 7

나 자신의 행복과 성취가 중요한 가치로 떠오르는 요즘, 개인주의적 가치관의 팽배로 자칫 '각자도생'의 함정에 빠지기 쉽습니다. 부모의 삶은 '아이를 통해 좋은 어른으로 성장해가는 과정'입니다. 오직 나와 내 아이만을 위한 선택은 내가 행복한 세상도, 아이가 잘 사는 세상도 만들 수 없어요. 혼자 알아서 살아내야 하는 세상이 아니라 함께 배우고 자라는 세상이 훨씬 안전하고 즐겁지 않을까요? 부모인 우리부터 작은 '함께도생'을 실천해보기로 해요.

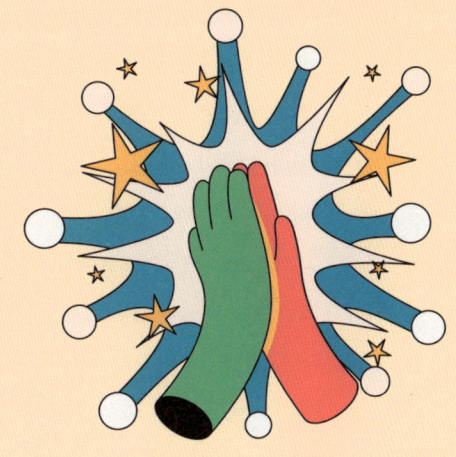

이성아
자람패밀리 대표

부모와 가족을 대상으로 다양한 연구와 프로젝트를 진행하는 '자람부모연구소'와 부모를 연결하고 스스로의 성장을 돕는 부모 성장 커뮤니티 '자람캠퍼스'를 운영하고 있다. 부모 역할에 대한 책임을 묻는 교육이 아니라 부모와 함께 부모를 위한 문화를 만들어간다.

"괜찮아, 내가 알아"
"수고했어, 내가 알아"
"잘했어, 내가 알아"

부모가 되면 해도 표 안 나는 일은 많지만 조금이라도 게을리하면 탈 나는 일들이 얼마나 많은지 알게 됩니다. 그렇게 일상을 지내다 보면 아무도 자신을 알아주지 않는 것 같아 속상하기도 하고, 가치 없는 사람이 된 것 같아 불안해지기도 하죠.
혹시 그런 순간 나의 마음과 노력을 가장 몰라주는 사람이 정작 나 자신은 아닌지 돌아보세요. 그리고 애쓰는 나에게 매일 말해주세요.
"괜찮아, 내가 알아"

내가 알아
KEYWORD 8

9 그려주지 마세요!
KEYWORD

한예롤

칠드런 아티스트

작가에게 아이들은 예술의 원천이자 뮤즈, 아티스트로 존재한다. 작가는 이미지를 읽어주고, 아이들은 자신만의 세계를 통해 그림을 완성해간다. 아이의 창조적인 잠재력을 깨우는 순수한 표현이 미술가의 사명이라 여기며, '칠드런아트'라는 장르를 개척했다. 아이들에게 영감 받고, 아이들과 교감하며 작업하는 아틀리에를 운영하고 있다.

아이 그림을 대신 그려주지 마세요. 연필을 잡기 시작하면서 엉킨 선으로 표현 욕구가 시작됩니다. 그 시기가 지나면 동그라미, 세모, 네모를 조합해서 저마다 좋아하는 걸 그리지요. 그러다 어느 날 엄마, 아빠에게 "토끼 그려주세요. 나는 못 그리니까"라며 부탁을 해요. 하지만 아이는 엄마가 그린 토끼 그림을 따라 그려보고는 이내 실망합니다. 엄마가 그린 그림과 달리 찌그러져 있는 자신의 그림이 틀렸다는 인식을 가질 수 있어요. 그림에는 정답이 없듯, 이 세상에 틀린 그림이라는 건 없는데 말이에요. 아이 자신만의 눈으로 스스로 그릴 수 있게 해주세요. 토끼를 그리고 싶어한다면 아이에게 토끼 사진을 보여주며 이미지를 읽어주세요. 그림책을 읽어주듯이. "동그란 얼굴, 기다린 귀 두 개, 다리 네 개, 동그란 꼬리…" 아이가 그리기 시작할 때 다시 한 번 똑같이 말해주세요. 아이가 완성한 그림을 자기만의 그림이 되도록 칭찬해주세요. 어느새 아이는 스스로 이미지를 읽고 눈으로 그릴 줄 알게 됩니다.

자주 질문해주세요. "왜?"라는 질문은 아이에게 스토리텔링 물꼬를 터주고 상상을 시작하게 해줍니다. 이때 아이는 놀라운 순발력과 언어 능력을 발휘해요. 부모의 질문이 사고하는 아이로 자라게 합니다. "엄마, 이건 우주에서 떨어진 똥이에요!"라는 엉뚱하고 기발한 이야기에 "누구 똥이야?"라는 질문이 동화의 서사가 될 수도 있습니다. 부모의 질문은 아이에게도, 부모에게도 열쇠가 됩니다. '왜?'를 상상하며 앞으로 맞닥뜨리는 문들을 아이 스스로 열어나가게끔 해주세요.

"왜?"라는 질문은 열쇠가 돼요

10 왜?
KEYWORD

△+■

내력 內力
KEYWORD 11

많은 사람이 인생 드라마라 부르는 「나의 아저씨」에서 주인공이 자신의 직업을 소개하는 장면이 있어요. "모든 건물은 내력과 외력의 싸움이야. 바람, 하중, 진동… 있을 수 있는 모든 외력을 계산하고 따져서 그것보다 내력을 더 세게 설계하는 거야. 인생도 어떻게 보면 내력과 외력의 싸움이고. 무슨 일이 있어도 내력이 있으면 버티는 거야." 아이도 마찬가지입니다. 친구 관계, 기관 적응, 어려운 학습과 같은 세찬 외력에 흔들리는 시간은 반드시 있거든요. 부모로서 적극적으로 도와주고 해결해줄 수 없어 마음이 아프겠지만 그 시간이 아이에게 내력을 만들어줄 것이라 기대하며 담담히 응원해주시길 바랍니다. 부모로서 우리는 아이의 외력을 치워주는 존재가 아니라, 어떤 외력에서도 아이 스스로 버틸 수 있도록 믿어주는 존재이기 때문입니다.

정유진
하이토닥
아동발달센터 소장

'찹쌀떡 선생님'이라는 닉네임으로 육아 상담에 위트를 더한 육아툰을 그리는 파워블로거이자 공감 달인 육아상담사다. 전국 각지에서 사회성, 훈육 등의 주제로 부모 교육 강연을 하며, 『아이의 떼 거부 고집을 다루다 : 찹쌀떡가루의 떡육아 프로젝트(훈육편)』을 펴냈다.

느릿느릿, 천천히, 아이의 행복을 지켜주는 걸음걸이

교육, 친구 관계, 놀이 등 아이에게 해줄 수 있는 것이 참 많은 세상입니다. 하지만 아이들은 부모를 따를 때보다, 스스로 걸을 때 힘을 가진 행복을 누려요.
아이가 위험하거나 누군가에게 피해를 주는 상황이 아니라면, 부모로서 우리의 걸음을 늦춰보세요. 놀이도 학습도 교우 관계도 아이를 이끌지 말고 총총 따라가보세요. 아이의 행복을 지켜주는 우리의 걸음 속도입니다.

느린 걸음
KEYWORD 12

13 그림책
KEYWORD

보통 어른들은 아이들 때문에 그림책을 보게 되지만 곧 그림책 때문에 울고 웃으며 위로받는 자신을 발견할지도 모릅니다. 어린이는 그림책으로 세상을 미리 경험하고 예방주사를 맞습니다. 어른은 그림책으로 영혼의 상처를 치유하고 살아갈 힘을 얻습니다. 중요한 사실은 그림책이 평생 여러분 가족을 든든하고 행복하게 지켜줄지도 모른다는 거죠.

> **온 가족 함께 읽어요! 필독 그림책3**
> 『강아지 똥』
> 권정생 지음·정승각 그림 | 길벗어린이
> 『까만 코다』
> 이루리 지음·엠마누엘레 베르토시 그림 | 북극곰
> 『내가 아빠를 얼마나 사랑하는지 아세요?』
> 샘 맥브래트니 지음·아니타 제람 그림 | 베틀북

이루리
그림책 작가, 세종사이버대학교 문예창작과 교수

그림책이 좋아서 그림책의 행복을 전하기 위해 그림책 서평을 쓰기 시작했으며 어린이책 번역도 한다. 데뷔작인 『북극곰 코다, 까만 코』를 발표하며 동화작가로 데뷔하고, 북극곰 코다 시리즈가 프랑스, 이탈리아, 스페인 등 11개 나라로 수출되어 세계적인 명성을 얻었다. 도서출판 북극곰의 편집장으로 어린이 그림책을 비롯하여 맛있고 향기로운 영혼의 양식을 만들고 있다.

지금 바로 이 순간을 행복하게 만드세요. 삶은 영원하지도, 그리 길지도 않으니까요. 좋아하는 사람과 좋아하는 일을 하고 좋아하는 책을 보면서 삶을 행복으로 가꿀 수 있다면 이보다 좋은 것이 있을까요?
지금 이 순간 아름답게 만든 추억이 다가오는 날에 어린이와 어른 모두에게 살아갈 힘과 지혜를 줄 것이라 믿습니다.

14 지금
KEYWORD

타이밍
KEYWORD 15

하루 중 아이와 정서적으로 연결되기 가장 좋은 타이밍은 두 번 있습니다. 아이가 하원(하교)했을 때와 잠자리에 들 때입니다. 유치원과 학교에서 돌아온 아이에게 "오늘 기분은 어땠어?"라고 물어봐주세요.
아이가 잠들기 직전에는 "오늘도 엄마 아빠는 선우랑 함께여서 행복했어. 사랑해"라고 사랑을 표현해주세요. 아이와 함께하는 시간이 조금 부족하더라도 이 두 번의 기회를 놓치지 마세요.

"잘 자! 우리 아가.
오늘도 덕분에 행복했어."

이다랑
그로잉맘 대표
아동발달심리전문가

육아상담전문기업 '그로잉맘'의 창업가. 심리학 이론을 기초로 한 '부모 심리학 공부', '기질 육아' 콘텐츠 등을 블로그, 인스타그램, 브런치 등을 통해 연재하며 많은 부모들에게 위로와 공감을 주고 있다. 저서로는 『불안이 많은 아이』, 『아이 마음에 상처 주지 않는 방법』, 『그로잉맘 내 아이를 위한 심플 육아』 등이 있다.

아이가 계절의 변화를 자주 느끼게끔 해주길 바랍니다. 같은 나무가 어떻게 달라지는지, 그 느리고 미묘한 변화를 함께 느끼게 해주세요. 자동차를 타고 이동할 때, 나무에 지어놓은 새집의 수를 세어보거나 시간에 따라 달라지는 하늘빛에 이름을 붙여보세요. 아이의 감수성이 풍성하게 자라납니다. 미디어 사용 자체를 줄일 수 있는 규칙도 필요하지만, 아이의 시선을 조금 더 다른 곳에 오래 머물도록 해주는 것이 도움이 된다는 걸 잊지 마세요.

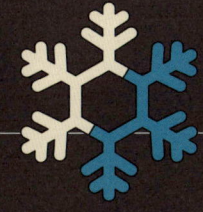

사계절의 변화
KEYWORD 16

SPECIAL

17 내 기분의 주인=나
KEYWORD

"기분은 오직 내 고유의 영역이며 부모, 힘이 센 사람, 부지런한 사람, 권위가 있는 사람, 지혜로운 사람, 그 어떤 사람에게서도 내 기분을 찾을 수 없으며 그들의 행동에 따라 내 기분이 좌우되지 말아야 합니다. 기분의 눈금이 촘촘한 사람은 다른 사람이 내 감정을 혼란스럽게 하여도 좀처럼 흔들리지 않고 온전한 자기 자신으로 살 수 있습니다. 오직 나만이 내 기분의 주인공."

그림책 『기분아 어디 있니?』 중에서

피어라

노리야피어라스튜디오 대표

『기분아 어디 있니?』 그림책 작가이자 심리학을 기반으로 한 23년차 놀이 전문가로 활동한다. 놀이로 아이들의 마음과 생각을 활짝 피어나게 하는 노리야피어라스튜디오를 운영 중이다.

아이에게 놀이는 즐거움입니다. 아이 스스로 놀이를 선택하고, 결정을 존중받으며, 놀이에 온전히 몰입하는 경험을 통해 자아존중감과 자기주도성이 자랍니다. 어른도 다르지 않아요. 놀이는 미래가 아닌 바로 지금을 만나는 것이고, 바로 지금의 즐거움을 아는 사람이 행복한 삶을 꾸려나갈 수 있습니다.

18 놀이 크리에이터
KEYWORD

△ + ■

여행육아
KEYWORD   **19**

우리 부모 세대와 달리 요즘 부모들은 바지런히 아이들을 데리고 다닙니다. 계절을 키재기 줄자 삼아 아이들을 풍경 앞에 세워둘 때, 같은 계절 안에서도 훌쩍 자라 있는 부모와 아이를 느낄 수 있어 뿌듯합니다. 가만히 머물러 있을 때보다 부지런히 움직이는 길 위에서 아이들은 쑥 자란다는 걸 믿으세요.

계절 안에서, 길 위에서 자라는 아이들

전지민
작가

'우리 아이'만의 행복이 아니라 '세상 모든 아이들'의 행복을 바라고, 행동하는 좋은 어른으로 살고 싶다. 전 에코 라이프스타일 매거진 『그린 마인드』 편집장이자 『육아가 한편의 시라면 좋겠지만』의 저자.

아이들과 함께 안전지대를 만드세요. 자신만의 안전지대가 누군가에겐 '집'이기도 하겠지만 저는 삶의 아지트를 지역마다, 동네마다 한 곳씩 아이들과 함께 만들어보길 추천합니다. 아직도 생생하게 떠오르는 어린 시절 나의 아지트가 어른이 된 지금까지 영감을 주는 것을 보면 분명 아이들의 삶에도 큰 힘이 될 거라 믿습니다.

우리만의 삶의 아지트
KEYWORD   **20**

SPECIAL

21 조율
KEYWORD

윤지영

작가, 부모교육 전문가
『엄마의 말 연습』 저자

초등학교 교사 출신 부모교육 전문가이다. 부모와 교사의 '옳은 말' 백 마디보다 '좋은 말' 한 마디가 아이들을 자라게 한다는 걸, 학교 현장과 아이를 키우며 경험했다. 스스로 말 습관을 되돌아보고 개선해나가며 발견한 말 조각을 '오뚝이샘'이라는 필명으로 SNS에 연재하며 엄마들과 소통 중이다.

공감이 육아의 대세였던 시절을 지나고 있습니다. 물론 아이 마음을 헤아리는 것은 중요하지만, 공감은 육아의 목표도, 전부도 아닌 아주 일부분입니다.
아이의 마음을 읽어주는 '공감'에서 부모와 아이가 서로 의견과 감정, 욕구를 교류하고 대화로 풀어가며 접점을 찾은 '조율'로 육아의 방향이 진화하고 앞으로 나아가길 바랍니다.

**내가 아이를
다 안다고 생각말기,
사소한 것도 물어보기**

사람만큼 예측이 안 되고 예측을 빗나가는 대상이 또 있을까요? 물어보아야 비로소 그 사람의 의도, 감정, 욕구를 알 수 있죠. 부모들은 육아를 하면서 아이의 생각이나 의견을 묻지 않고 짐작으로 넘겨짚는 경우가 많은데, 이 시점에서 의사소통에 오해가 생깁니다. 내가 낳아서 키운 아이라도 잘 모를 수 있고, 또 틀릴 수 있음을 인정하는 것이 중요합니다. 그리고 사소한 것이라도 질문하세요. 그것이 아이를 향한 존중이며, 육아의 핵심이 되어야 합니다.

22 질문
KEYWORD

루바토 육아

KEYWORD 23

조금 느리게 또는
빠르게 육아를 연주해요

'루바토'는 연주자나 지휘자의 역량에 따라 의도적으로 조금 느리게 또는 빠르게 연주하는 것을 뜻합니다. 루바토로 육아를 연주하세요. 육아를 하다 보면 다른 이들의 속도에 휘둘릴 때가 있는데, 아이의 고유함을 가장 잘 알고 인정하는 양육자가 단단한 마음으로 고유의 속도를 갖는 것이 중요합니다. 일상의 템포가 안정적이고 온전하면 더욱 섬세하고 아름답게 루바토를 연주할 수 있어요.

김민정

음악교육자, 클랩 대표

어린이가 있는 가족을 위한 문화 예술 콘텐츠를 만드는 클랩CLAP(Creative Learning through Arts and Performance) 대표. 어린이와 어른 모두에게 다가가는 예술의 힘에 주목하며, 그림책 콘서트를 이어나간다.

우리 아이가 음악을 잘했으면 하는 마음에 무조건 전문가에게 맡기는 경우가 있습니다. 그보다는 아이가 일상에서 음악을 자주 접하고 즐길 수 있게 하는 게 먼저라고 생각해요. 음악을 자주 듣다 보면 아이의 음악성은 자연스럽게 길러지죠. 아이의 음악성을 가늠해봐도 좋습니다. 박이 강하게 느껴지는 음악을 들을 때 아이들의 몸이 어떻게 움직이는지를 유심히 보세요. 고개를 까딱거리거나 음악에 맞추어 발을 차고 춤을 춘다면 제대로 박자를 느끼고 있을 가능성이 큽니다. 즐기는 것을 넘어 아이와 박자를 주의 깊게 들어보는 경험도 해보세요. 세게 느껴지는 강박과 잔잔한 약박의 차이를 느끼는 것도 잊지 마세요. 음악 속 강박과 약박이 함께 얽히며 그루브가 생기는 것은 삶과 다르지 않다는 것도요.

강박과 약박

KEYWORD 24

진짜 놀이를 할 수 있는 집, 플레이송스홈

음악으로 깨우고 놀이로 배우는 통합 놀이교육 프로그램 '플레이송스홈'은 플레이송스의 프리미엄 프로그램을 집에서도 쉽고 자연스럽게 반복적으로 접할 수 있도록 고안된 홈 러닝 프로그램이다. 온라인 기반 영상과 책, 장난감, 교구재로 구성된 5단계 제품들로 집에서도 다양한 놀이 체험을 하며 아이의 잠재된 창의력을 깨울 수 있다.

심리학자 제럼 부르너는 "놀이는 문제해결 능력을 높이고 지적 융통성과 창의성은 물론 운동 능력과 언어 능력을 증진시킨다"고 말한다. 또 심리학자 피아제는 "놀이는 유아의 지능을 발달시킨다"고 말한다. 그만큼 많은 전문가들이 '놀이'의 중요성을 강조한다. 놀이는 아이 스스로 주도권을 가질 때 진짜 놀이가 된다. 이런 놀이여야 진정한 경험이 되어 아이의 자존감을 높이고 정서 지능을 높인다.

진짜 놀이를 위한 '놀이 주도권' 갖기

놀이에 서툰 아이들은 놀이할 때 주도권을 양육자나 놀이 상대에게 넘기는 경우가 많다. 이렇게 스스로 놀이의 주인이 되지 못하면 놀이 욕구가 해소되기 어렵고, 자신의 의사나 감정 표현이 어려워 놀이에 온전히 몰입하지 못한다. 놀이의 시작과 과정, 마무리까지 아이 스스로 결정하고, 자기 자신을 표현하는 방법을 가르치는 것이 중요하다. 양육자는 놀이의 주도권이 아이에게 갈 수 있도록 아이보다 앞서 놀이를 진행하거나 개입하지 말고 즐거운 놀이 경험을 할 수 있는 환경을 만들어주는 것이 좋다.

Check list
당신은 아이에게 놀이 주도권을 제대로 주고 있는 부모인가?

- 아이가 놀잇감을 스스로 선택하게 한다. Yes or No
- 아이가 어떤 유형의 놀이를 좋아하는지 알고 있다. Yes or No
- 아이가 발달 시기에 맞는 놀이를 하고 있다. Yes or No
- 아이의 놀이 환경이 안전하다. Yes or No
- 아이가 노는 동안 놀잇감을 함부로 정리하지 않는다. Yes or No
- 놀이와 교육의 경계를 잘 알고 있다. Yes or No
- 아이가 놀이를 원할 때 긍정적으로 상호 작용해준다. Yes or No
- 아이의 놀이에 개입하거나 흐름을 유도하지 않는다. Yes or No
- 놀이 도중 일어난 실수에 대해서는 나무라지 않는다. Yes or No

0~3개 Yes 놀이에 대한 공부가 필요해요!

4~6개 Yes 아이가 놀이를 주도할 수 있도록 조금만 더 노력해보세요!

7개 이상 Yes 올바른 놀이 환경을 제공하고 있군요!

△ + ■

적기 놀이! 연령별 다섯 가지 놀이 키워드

적기 놀이는 두뇌를 발달시키는 좋은 경험이 된다. 플레이송스홈은 아이들 발달 단계에 맞춰 놀이 전문가, 영재교육 전문가, 유아교육 전문가, 음악치료사들이 협업하여 검증된 놀이 콘텐츠를 연구 개발한다. 아이의 발달 시기마다 반드시 경험하고 성취해야 하는 놀이를 선별해 담은 플레이송스홈의 두뇌 발달 놀이를 연령에 맞춘 단계별 키워드와 함께 소개한다.

KEYWORD 1
감각

플송홈 Step 1(12m+) 지각 발달과 안정 애착 형성이 중요하다. 이 시기 아이는 긍정적 상호작용을 촉진하는 애착 놀이를 경험하고 주어진 환경을 지각하며, 다양한 감각 놀이를 통해 두뇌를 발달시킨다. 오감 놀이와 몸 놀이로 아이의 감각을 깨워준다.

추천 아이템: 보들공
헝겊공으로 안전하며, 6가지 컬러로 아이의 시각을 자극한다. 시각, 촉각 등 감각을 발달시키고, 공의 움직임을 따라 대근육 발달과 신체 조절 능력을 기른다.

KEYWORD 2
모방

플송홈 Step 2(18m+) 신체 협응과 상호작용 증진이 이 놀이의 목적이 되어야 한다. 다양한 모방 놀이로 소근육 및 신체 조절 능력을 길러 신체 협응을 이루고 긍정적인 상호작용 경험을 늘려야 한다. 즐거운 노래로 생활 습관을 기르는 것도 좋다.

추천 아이템: 조이 핸들
핸들을 요리조리 돌리며 신나는 노래를 들을 수 있는 사운드 디바이스. 운전기사들을 흉내 내거나 클랙슨, 액셀 등 실감 나는 탈것 효과음을 들으며 따라 할 수 있다.

KEYWORD 3
상상

플송홈 Step 3(24m+) 자기주도성을 기르고 긍정적인 정서를 경험해야 한다. 상상 놀이를 통해 호기심을 확장하고, 인지 및 언어 발달에 바탕이 되는 자기주도성을 기른다. 즐겁게, 폭넓게 상상하는 놀이를 함으로써 긍정적인 자아개념을 형성하고 정서를 발달시키는 놀이를 경험하면 좋다.

추천 아이템: 모양 셰이커 3종 세트
아이 손에 맞는 크기로 흔들면 찰찰 소리가 나는 악기. 세모, 네모, 동그라미 모양으로 모양 찾기, 모양 상상하기, 음악 게임 등을 할 수 있다. 인지 능력과 리듬감, 상호작용을 높이는 놀이에 유용하다.

KEYWORD 4
역할

플송홈 Step 4(30m+) 사회성이 폭발적으로 일어난다. 상대방의 관점과 입장을 경험해보는 역할 놀이를 통해 사회성은 물론 인지 능력, 자기 조절력을 기를 수 있다. 다양한 대상과 관계를 맺고, 대상의 입장을 이해함으로써 자아 효능감과 문제해결 능력을 키우는 데에도 도움이 된다.

추천 아이템: 마칭 드럼
두드려 소리를 내는 악기로 소리와 크기, 빠르기를 다양하게 연주하며 자신을 표현한다. 캐릭터 프린트가 친근감을 느끼게 하므로 캐릭터를 골라 역할 놀이를 하기에 좋다. 북을 두드리며 스트레스도 해소할 수 있다.

KEYWORD 5
이야기

플송홈 Step 5(36m+) 놀이 규칙을 이해하고 타인의 정서를 이해하며 공감 능력을 길러야 한다. 이야기가 있는 놀이를 통해 사고력, 창의력, 인성을 발달시킬 수 있으며, 다양한 관점에서 이해하고 다른 사람의 감정에 충분히 공감하는 과정의 놀이가 필요하다.

추천 아이템: 위위 이야기 극장
6편의 이야기와 노래가 포함된 사운드 디바이스. 필름을 꽂고 깜깜한 방에서 빛을 쏘면 환상적인 이야기 극장이 펼쳐진다. 뮤지컬과 판소리를 담아 차별화된 음악을 즐길 수 있으며, 극장처럼 이벤트를 연출할 수 있다.

바이시클(주) 행복한 아이들의 가능성을 열어주는 교육 콘텐츠를 제공하겠다는 비전을 가진 국내 유일의 프리미엄 교육 브랜드. 영유아 대상 오프라인 센터 '플레이송스'와 플레이송스의 좋은 프로그램을 집에서 경험할 수 있는 '플레이송스홈', 그리고 플레이송스 프로그램을 기반으로 만든 이중언어 교육기관 '찰리스빅레드하우스' 등이 대표적인 교육 서비스다. 여기에 지난 17년간 누적된 데이터베이스를 활용한 교구와 책, 바이시클만의 독특한 캐릭터들을 활용한 유튜브 콘텐츠, 놀이 공유 AI 플랫폼인 플레이해봐 등 다양한 온/오프라인 콘텐츠와 서비스를 제공하고 있다. '음악'과 '놀이', '스토리'를 활용해 가장 행복한 방식으로 아이의 두뇌를 깨우는 것, 그리고 아이의 발달 단계와 호기심을 갖는 시기에 맞춰 배움이 이루어지도록 해야 한다는 '적기 교육'은 오랜 시간 변하지 않는 바이시클(주)의 핵심 철학이다.

△ + ■

조경규

만화가이자 프리랜서 디자이너로 다양한 방면에서 활동 중이다. 아내와 두 아이의 에피소드를 바탕으로, 경이로운 일상 음식 이야기를 위트 있게 담은 에세이 만화 『오무라이스 잼잼』을 연재하며 초등학생부터 부모 세대까지 폭넓은 사랑을 받고 있다.

브룸 래글런 스웨트 셔츠 4만3천원, 메르시유 / 풀스커트 5만9천원, 엔페이퍼 / 라벤더컬러 양말 1만2천9백원, 굿마더신드롬 / 올리브컬러 샌들 2만5천원, 메듀즈키즈

루비 올리브컬러 티셔츠 4만3천원, 엔페이퍼 / 귀여운 오버올 팬츠 8만8천원, 젤리멜로 / 니삭스 1만9천9백원, 굿마더신드롬 / 블루컬러 샌들 2만5천원, 메듀즈키즈 / 버건디컬러의 반다나는 스타일리스트 소장품

어린이는 유니콘 같은 판타지의 존재로 미화하지도,
미성숙하다는 이유로 배제해야 할 존재도 아니라는
것을, 있는 그대로 인정하고
동등하게 존중해야 할 존재임을 되새겨보는
페이지가 되길 바란다.

어린이는 부모가, 어른이 키우는 것이 아니라
함께 성장하는 존재임을 믿으며.

어디에든 어린이

「어디에든 어린이Kids Everywhere」는 디자인하우스 맘앤앙팡이 '어린이다움을 인정하자'는 메시지를 담아 전개하는 사회인식 개선 캠페인이다. 어린이의 안전과 행복, 건강을 우선으로 하는 어른, 기업, 지자체와 뜻을 모아 어린이가 공정하게 누려야 할 것들에 대해 함께 고민하고, '어린이 존중'을 주제로 한 다양한 프로젝트를 기획, 협업한다.

삶의, 세상의 디톡스인 아이들을 생각하며

정지우

작가 겸 문화평론가, 변호사로 활동하고 있고, 뉴스레터 '세상의 모든 문화'를 운영 중이다. 얼마 전 아이와의 '소중'하고 '희귀'한 러브 스토리를 담은 육아 에세이 『그럼에도 육아』(한겨레출판)를 출간했다.

아이가 태어난 뒤로, 내가 가장 좋아하는 계절은 봄이 되었다. 겨울 내내 아이를 데리고 어디 가기 쉽지 않은 현실을 지내다가, 봄이 찾아오면서 아이 손을 잡고 공원으로, 놀이터로, 갯벌로 나가자 '젖과 꿀이 흐르는 땅'을 만난 것만 같은 기분이 든다. 따뜻한 햇살과 봄바람에 감사하게 되고, 은은하게 벚꽃 사이로 떨어지는 햇빛을 보고 있으면, 내가 이 세상을 사랑하고 있다는 느낌마저 받는다. 그렇게 봄을 좋아하면서, 봄의 매력이라는 것을 느끼게 되었다. 봄이 매력적인 이유 중 하나는, 꽃 향기와 함께 전해오는 아이들의 웃음 소리다. 봄날 창문을 열고, 집안을 환기하노라면 무엇보다 놀이터에서 깔깔대며 소리치는 아이들의 소리가 무척이나 소중하게 느껴진다. 길을 걸으면서도, 공원에 나온 아이들의 웃음소리를 듣고 있으면, 이 세상이 마땅히 흘러가야 할 곳으로 흘러가고 있다는 묘한 당위성마저 느끼게 된다.

아마 세상에는 아이들의 존재나 소리 자체를 싫어하는 사람들도 있을 것이다. 그런 취향에 대해 왈가왈부할 수는 없겠지만, 개인적으로 나는 아이들의 존재와 웃음이 자연스러운 세상이 더 온당한 세상이라 느낀다. 우리 사회가 좋은 사회라는 표지 혹은 증거가 있다면, 그것은 아이들이 박멸된 모습이 아니라 아이들이 어디에서나 자연스럽게 어우러지는 모습일 거라 생각한다.

무척 인상 깊게 본 『칠드런 오브 맨』(2016)이라는 영화가 있다. 이 영화는 더 이상 아이들이 태어나지 않는 세상을 배경으로 한다. 이유는 알 수 없지만, 어느 날부터 인류에게 '새로운 아이'가 태어나지 않는 세상이 도래한다. 사람들은 절망에 빠지고, 인류에게는 종말을 향해 가는 디스토피아적 분위기가 물씬 풍긴다. 그런 와중에 기적적으로 아이가 태어난다. 서로 총을 쏘며 싸우던 군인들은 아이의 울음소리를 듣고, 모두 멈춘 채 충격적으로 아이를 바라본다. 기도하며 우는 사람도 있다. 모두가 알고 있다. 그 아이가 '희망'이라는 것을.

요즘 우리나라는 마치 그 『칠드런 오브 맨』 속 세상을 닮아가는 것 같기도 하다. 더 이상 아이가 태어나지 않는 건 물론이고, 아이들이 배척되는 공간도 점점 더 늘고 있다. 아이 손을 잡고 나들이하려는 부모는 아이 데리고 '갈 수 있는 공간'이 어딘지부터 부지런히 검색해봐야 한다. 간신히 아이들을 환영하는, 적어도 아이들이 '갈 수 있는 곳'을 찾아

가면, 곳곳에서 모인 아이들과 부모들로 가득하다. 얼마 전에는 한 아이 아빠로부터 요즘 우리나라에는 반려견 데리고 갈 곳보다 아이 데리고 갈 곳이 더 없는 것 같다는 말도 들었다. 실제로 전국에 공공놀이터는 1600개 정도에 불과하고, 구에 따라 적게는 어린이 250여 명, 많게는 730여 명당 놀이터 하나 정도밖에 없다고 한다. 다양한 이유가 있겠지만, 우리나라 아동과 청소년의 행복도는 OECD 최하위권을 달리고 있다. 그러나 나는 아이들이 없거나 불행한 세상은 물론이고, 나아가 아이를 배제하는 게 자연스러운 세상에도 희망은 싹트기 어렵다고 생각한다. 아이들의 웃음소리가 꽃향기처럼 자연스럽게 대기 속을 흘러다니지 않는 세상은 어딘지 메마른 황야 같을 거라고 생각한다. 결국 한 사회에는 이 세상을 가꾸어나갈 아이들, 멋지고 아름다운 문화를 만들어가고 다음 세상의 주인이 되어줄 씨앗 같은 아이들이 있어야 한다.

최근 나는 『그럼에도 육아』라는 육아 에세이집을 출간했다. 이번 책을 출간하면서 마음먹은 것이 있었다. 이번 책이 나오면, 꼭 아이들이 자연스럽게 동행할 수 있는 '북토크' 자리를 만들어보는 것이었다. 암묵적으로 아이 출입이 금지되던 기존의 엄숙한 북토크와는 다른, 아이들을 환대하는 시간을 만들어보고 싶었다. 그런 의향을 SNS에 표현하자, 생각보다 정말 많은 분들의 호응이 있었다. 자신이 운영하는 공간을 공짜로 내어주겠다는 분들과 기꺼이 함께하겠다는 공공기관부터, 이런 자리를 오랫동안 기다려왔다며 전적으로 지원해주겠다는 분들도 있었다. 많은 사람들이 '아이가 자연스러운 세상'을 희망하는 걸 경험하면서, 어쩐지 무척 다행이라는 마음이 들었다. 내가 살아가면서 할 수 있는 좋은 일이라는 게 그렇게 많을 거라고 생각진 않는다. 많은 시간은 나를 위해, 또 우리 가족을 위해 치열하게 일하며, 때로는 이기적으로 고민하는 순간들로 채워져 있을 것이다. 어쩌면 좋은 의도로 했지만, 세상을 더 나쁘게 만드는 일도 있을 것이다. 하다 못해 내가 더 나은 세상을 위해 투표한 정치인이 나쁜 사람이었다는 게 밝혀질 수도 있다. 그럼에도 내가 할 수 있는 확실하게 좋은 일이 하나 있다면, 아이들이 환대받는 세상을 만들어가는 것이라고 생각한다. 나이가 들수록, 할아버지가

봄날 창문을 열고,
집안을 환기하노라면
무엇보다
놀이터에서
깔깔대며 소리치는
아이들의 소리가
소중하게 느껴진다.

길을 걸으면서도,
공원에 나온
아이들의 웃음소리를
듣고 있으면,
이 세상이 마땅히
흘러가야 할 곳으로
흘러가고 있다는
묘한 당위성마저 느끼게 된다.

되어갈수록 아이들을 위해 할 수 있는 일이 무엇일까를 찾아가고 싶다.

육아를 하면서 나는 종종 육아가 '디톡스'와 같다고 생각했다. 현실의 온갖 고민과 돈 걱정, 또 놓을 수 없는 휴대전화, 끝없는 SNS 알람 같은 것들 속에서, 어느 순간 아이 손을 잡고 나뭇잎 사이로 떨어지는 햇빛 속을 지나, 모래놀이를 하러 털레털레 걸어가며 모든 현실들을 잊게 되는 것이다. 모래의 촉감을 느끼고, 아이의 표정을 살피고, 둘이서 신나게 물을 퍼나르다 보면, 머릿속에 남은 건 이 순간의 사랑과 세계밖에 없다는 경험을 맞이하곤 했다. 어쩌면 아이들은 이 세상의 디톡스일지도 모른다. 모두가 자기 이익을 좇아 경쟁하고 서로를 물리치기 바쁜 시대에, 아이들은 희망을 품고 그 모든 것들을 뚫고 깔깔대는 웃음소리와 공원을 가로지르는 몸짓으로 세상을 씻어내는 그런 디톡스일지도 모른다.

INTERVIEW

어린이들의 어른
'후추맘' 구자영

책방입니다만, 어린이에게 책을 권하지 않습니다

신나게 놀다가 넘어져 무릎이 까졌을 때, 주운 돌멩이를 잠깐 맡겨야 할 때,
나만의 비밀을 이야기하고 싶을 때 아이들이
달려가는 이상한 책방이 있다. 아이들의 마음에 귀를 기울이고,
책과 칭찬을 처방해주며 아이들과 우정을 나누는 책방지기 후추맘에 관한 이야기다.

▲ + □

INTERVIEW

질문의 내용은 다르지만 모두 '나를 좀 봐주세요', '내 존재를 알아주세요'라는 마음의 표현인 거죠.

그때마다 어린이들에게 '좋아', '괜찮아'라고 말해 줍니다.

어쩌다 어린이들의 '어른 친구'가 되다

"어린이들에게 책을 소개하는 일을 20년째 하고 있어요. 어린이가 읽는 책을 연구하는 것이 아니라, 책을 읽는 어린이들을 연구하는 것이 저의 일입니다."

모든 어린이들에게 고르게 관심을 주는 『당근 유치원』의 곰 선생님이 떠오르기도 하고, 날개옷을 잃어버려 장수탕에 머물며 어린이와 놀아주는 천진한 『장수탕 선녀님』도 생각난다. 엄마들 사이에 '후추맘'으로도 유명한 구자영 씨의 책방은 사실 평범한 책 대여점이 아니다. 길을 가다가 넘어져서 깜짝 놀란 유치원생, 여자친구가 생겼다고 자랑하고 싶은 초등학생, 때로 혼자만의 시간이 필요한 중학생 아이들이 찾아오는 이상한 책방이다.

"20년간 어린이들을 관찰하며 특별한 비밀을 발견했어요. 어린이들은 몸으로도 말을 한다는 사실입니다. 새로운 머리핀을 머리에 꽂고 왔다면 아이의 머리카락이 새로운 머리핀을 주목하라고 말해요. 또한 어린이가 책상에서 책을 읽고는 있지만 두 다리를 꼬고 있으면, 지금 걱정거리가 있다고 두 다리가 말을 하는 겁니다. 아이들에게는 새 머리핀을 알아봐주고 '멋지다'고 칭찬해주고, 까진 무릎에 반창고를 붙여주며 '괜찮다'라고 말해주는 어른이 필요해요."

> 책을 읽고 대여하는 공간이지만, 책의 역할은 30%에 불과하다. 어린이들은 스케줄에 쫓기고 걱정거리가 있으면 책을 읽지 않는다. 그럴 때 후추맘은 책을 권하는 대신 아이의 이야기를 들어주고 지지해준다. 진심 어린 칭찬과 위로를 받은 아이들은 어른의 친구가 되어주고, "이제 책 읽을게요"라며 스스로 책을 펼치기 때문이다.

"어린이들은 하루 종일 다양한 허락을 구합니다. 화장실 가도 돼요? 책 그만 읽어도 돼요? 겉옷 벗어도 돼요? 지금 몇 시인지 알려주실 수 있어요? 학원 갈 시간 알려주실 수 있어요? 등등 수많은 질문을 합니다. 시계를 볼 줄 알면서 시간을 알려달라고 해요. 질문의 내용은 다르지만 모두 '나를 좀 봐주세요', '내 존재를 알아주세요'라는 마음의 표현인 거죠. 그때마다 어린이들에게 '좋아', '괜찮아'라고 말해줍니다."

요즘 어린이들은 부모의 무한한 사랑과 관심 속에서 자란다. 그런데 부모가 보이는 관심이 아이가 받고 싶어하는 관심이 아닌 경우가 많다. 후추맘은 어린이들이 원하는 관심을 쏟고 실수를 격려하며 소소한 자랑과 걱정거리를 들어주는 책방 선생님이다.

▲ + □

어린이가 묻고, 후추맘이 답하다

선생님은 재미있는 책을 어떻게 그렇게 많이 알아요?
초등 1학년 어린이

"사실 선생님은 어린이 책을 잘 안 읽어. 어른들이 읽는 책을 읽지. 그런데 어떻게 너희들에게 권하는 책마다 재미가 있는 건지 정말 이상하지? 선생님은 기억력이 안 좋은 편인데 잘 기억하는 딱 두 가지가 있어. 한 가지는 너희들을 너무 사랑하니까 너희의 이름을 잘 기억하려고 노력해. 다른 한 가지는 너희들이 읽고 재미있다고 말한 모든 책의 제목이야. 그리고 그 책들을 다른 어린이들에게 알려주지. 재미있게 읽은 어린이 책이라도 너희에게 재미있다고는 말하지 않아. 어른이 재미있다고 생각하는 것과 어린이가 재미있다고 생각하는 것이 다르기 때문이지."

왜 우리한테 화를 한 번도 안 내세요?
초등 3학년 어린이

"짓궂은 장난에도 다 나름의 이유가 있다고 생각해. 몰래 휴대폰을 보거나 옆에 앉은 친구와 이야기하는 것, 다 먹은 사탕 껍질을 책꽂이 사이에 몰래 버리는 것, 나쁜 말을 해보는 것 등등 모두 그럴 만한 속사정이 있다고 생각해. 어린이들은 아직 미숙한 존재들이야. 미숙하다는 것은 아직 완전하지 못한 상태를 말하고, 성장하기 위해 노력하지만 아직은 실수가 더 많다는 것을 말해. 어린이들은 아직 많은 실수를 하는 사람들이야. 실수한 사람에게는 화를 내는 것이 아니라, 괜찮다고 한 번 더 잘해 보라고 용기를 주는 것이 맞아."

저는 책 읽는 것이 세상에서 제일 싫어요. 어떻게 하죠?
초등 4학년 어린이

"책 읽기가 싫다고? 그건 잘못된 게 아니야. 누군가는 운동이 싫고 누군가는 노래 부르는 것이 싫고 누군가는 수학 과목을 제일 싫어해. 사람마다 싫어하는 것의 종류가 다를 뿐이야. 책을 읽지 않는다고 훌륭한 사람이 못 되는 것도 아니니까, 아무 걱정하지 마. 그런데 책 읽기가 싫다고 걱정하는 마음속에는 잘해보고 싶은 마음도 숨어 있던데, 맞니? 그러면 방법을 알려줄게. 책을 좋아하는 친구에게 책을 다섯 권 정도 추천 받아봐. 그중 가장 마음에 드는 제목의 책을 한 권 골라서 일단 오늘은 딱 한 페이지만 읽어봐. 더 읽으면 안 돼, 딱 한 페이지만 읽어. 다음 날도, 그다음 날도 그렇게 하면 된단다."

INTERVIEW

후추맘이 어린이 회원들에게 받은 마음들

"4세 어린이는 이 캐러멜을 나에게 주려고 집에서부터 맘의 준비를 무지 많이 했을 것이다"

2024년 3월호, 매거진 『PEPPER』 중

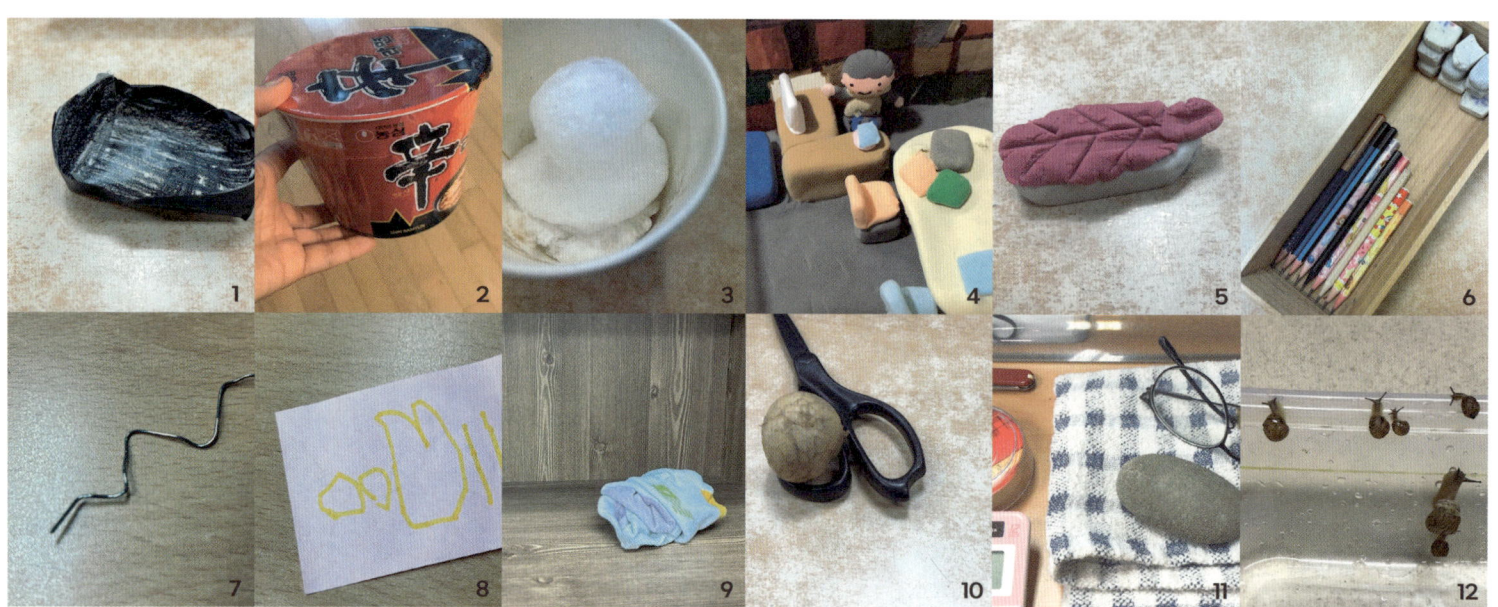

1 색종이로 그릇을 만들고 색연필로 간장을 색칠해 초밥 간장을 만들어줬다. 2 2년 전 4학년 여학생이 "배고플 때 드시라"며 집에서 챙겨온 컵라면. 3 눈 내리는 걸 좋아하는 선생님이 책방 안에만 있어 눈을 못 보는 것이 안타깝다며 어린이들이 종종 눈을 담아 선물한다. 4 클레이로 꼼꼼히 책방의 모습을 만들어줬다. 5 초밥을 좋아한다고 하니 지우개 위에 클레이로 새우를 만들어 올려줬다. 6 책방의 필통은 항상 어린이들이 돌아가며 정리를 한다. 부탁한 적은 한 번도 없다. 7 어린이들은 먹다 남긴 컵떡볶이, 학원에서 공부한 학습지, 젤리, 거스름돈 등 정말 많은 것을 책방에 맡긴다. 한 아이는 어디에 쓸 것인지 모를 철사줄을 맡겼다 찾아갔다. 8 "글씨를 모르는 어린이의 편지도 저는 다 읽을 수 있어요." _구자영 9 날이 더우면 양말을 벗어서 맡기기도 한다. 10 유치원에서 감자 캐기 체험을 하고 책방에 들러 주고 간 감자. 11 돌은 어린이들에게 가장 많이 받는 선물. 12 달팽이처럼 살아있는 선물도 종종 받는다.

▲ + □

엄마가 묻고, 후추맘이 답하다

새학기에 교과수록 도서를 읽는 것이 효과가 있나요?

"책의 전문을 아이가 충분히 소화할 수 있다면 모두 읽어보는 것도 나쁘지는 않습니다. 그런데 책의 일부 내용이 교과서에 실린 책이라 해도 책 전체를 어린이가 이해할 수 없는 경우가 많아요. 학교 수업 시간에 수업을 충실히 듣고 그 지문이 실린 책을 읽어보고 싶은 마음이 생기면 해당 도서를 찾아 읽어보는 것이 순서상 맞습니다."

책을 읽은 후 꼭 독후 활동을 해야 하나요?

"어른들도 독후활동을 전제로 책을 읽는다면 부담이 생기지 않을까요? 독서는 순수하게 책에 몰입하는 것이 가장 이상적입니다. 물론 '읽기'만큼 중요한 것이 '쓰기'이고, 어린이들도 이 '쓰기'를 점차 익혀나가는 것이 중요합니다. 저는 학교나 사교육기관의 독후활동에서도 책의 선택지를 늘리고, 그 안에서 읽고 싶은 책을 어린이들이 결정하고, 그렇게 읽은 책들 중에 독후활동을 이어서 하고 싶은 책을 어린이가 다시 선택하는 것을 제안합니다. 어린이가 주체가 되어야 합니다."

좋아하는 장르(판타지, 역사, 학습만화 등)만 읽어도 괜찮을까요?

"좋아하는 장르만 읽는 것이 맞습니다. 하지만 '좋아하는 장르'에서 '장르'라는 단어의 정확한 정의가 필요합니다. 역사를 좋아한다면 정통 역사책부터 역사를 소재로 한 동화와 소설, 학습만화 등을 두루 섭렵하면 좋아하는 장르의 깊이가 생겨 좋습니다. 그러나 장르와 상관없이 학습만화나 코믹북 등 책의 형식에 편중되는 것에는 주의가 필요합니다. 책이 담고 있는 내용이 아니라 그 책의 자극적(재미)인 형식을 좋아하는 것이라면 말입니다."

퍼펙트맘Perfect Mom이 아니어도 정말 괜찮아요

과거에는 후추맘도 어린 남매의 교육과 독서에 열성적인 보통의 엄마였다. 아이들이 초등학교에 입학한 후 학부모 사서도우미 자원봉사를 하며 아이들과 책의 소중함을 재발견했고, 사서의 역할이 천직임을 깨달았다. 북렌탈점 아르바이트를 시작으로 직접 책방을 운영해온 20년의 세월 동안 그는 수많은 어린이와 부모들을 만났고, 수많은 질문을 받았다.

"책방에 오시는 부모님들이 가장 많이 물어보시는 것 중 하나가 '독서도 선행하는 것이 좋을까요?'라는 겁니다. 두 아이를 키운 학부모로서, 20년 경력의 책방지기로서 저는 학습도 독서도 선행에 반대해요. 독서는 태도를 배우는 일이기 때문입니다. 연령에 맞지 않은 어려운 책을 대충 읽고, 읽었다고 여기는 것은 바른 태도가 아니에요. 학습이든 독서든 아이가 충분히 소화할 수 있는 내용과 분량을 주어야 합니다. 난해하다는 느낌 없이 재미있게 책을 읽을 수 있도록 어른들이 도와주어야 해요. 책을 통해 아이가 충만하고 순수한 행복감을 경험하게 해주세요."

'부모가 아이를 너무 사랑하면, 아이가 제대로 보이지 않는다'고 후추맘은 이야기한다. 엄마가 퍼펙트맘이 되어 육아와 교육을 완벽하게 계획하고 직진하면, 정작 아이의 마음이 비집고 들어갈 틈이 없어진다는 것이다. 아이가 어느 날 갑자기 독서를 거부하거나 부모 말에 반기를 들면 '나의 의견도 들어주세요'라는 신호로 이해하고 아이의 의견을 반영해 궤도를 수정해보자. 내 아이의 사정을 가장 잘 아는 사람이 엄마이고, 독서를 통해 아이의 자발성과 주도성을 키울 수 있으니 세상의 모든 엄마들이 최고의 사서인 셈이다.

초라한 시작을 두려워하지 않겠습니다

부모들에게도 고민을 털어놓을 어른이 필요하기 때문에, 아이들에게 책을 권하면서 배우고 느낀 점을 나누고 싶어서, 후추맘은 블로그와 인스타그램에 꾸준히 글을 쓰고 있다. 후추맘이라는 닉네임에는 '세상에 빛과 소금 같은 사람이 되진 못해도, 후추 정도의 영향력이 있는 사람이 되자'는 바람이 담겨 있다. 올해는 1인 출판사 '후추공작소'를 설립하고, 자신의 글을 엮어 매거진 『PEPPER』를 출간했다. 금세 품절템이 됐을 정도로 반응이 뜨거웠다.

"처음 해보는 일이라 아쉬운 점도 많아요. 하지만 초라한 시작을 두려워하면 안 된다고 생각합니다. 사람들은 누구나 자신만의 소중한 이야기를 한 가지씩 가지고 있어요. 본인들만 그 사실을 모르죠. 그런 사람들을 발굴해 '나만의 작은 책'을 하나씩 갖게 하는 것이 저의 장래 희망입니다. 책이라는 것이 특별한 재능을 가진 사람만이 쓸 수 있는 것은 아니라고 생각해요. 그날의 생각을 쌓아두면 그것이 하나의 책이 될 수 있다는 것을 『PEPPER』를 만들면서 깨달았습니다."

▲ + ☐

20년 경력의 책방지기로서 저는 학습도 독서도 선행에 반대해요.

독서는 태도를 배우는 일이기 때문입니다. 연령에 맞지 않은 어려운 책을 대충 읽고, 읽었다고 여기는 것은 바른 태도가 아니에요.

후추맘은 육아가, 인생이 힘들 때 '매일 나의 생각을 한 줄로 써보라'라고 조언한다. 나의 생각을 한 문장으로 기록해보고, 매일 읽어보면 반성이 되고 새로운 계획이 생긴다는 것. 1년간 지속하면 인생이 달라지는 것을 경험하게 된다고 한다. 급변하는 시대에도 우리가 책을 읽고, 글을 쓰고, 새로운 꿈을 꾸어야 하는 이유다.

"제 나이가 곧 육십인데요, 후추공작소를 '평범한 사람들의 소중한 이야기에 귀 기울여주는 곳'으로 만들어가고 싶어요. 저와 같이 평범한 사람들의 이야기를 작은 책으로 만드는 일을 꾸준히 하고 싶습니다. 70대의 꿈은 미정이지만, 아마 또 새로운 일을 하게 되지 않을까요?"

> "수천억 자산가 켈리 최의 아침 루틴 중에 눈에 띄는 항목이 있어요. '생각의 전환을 일으키는 독서'를 매일 하는 겁니다. 우리는 우연히 만난 문장 하나에서도 신선한 자극을 받곤 하는데, 그 자극이 바로 생각이 전환되는 과정이라고 합니다.
> 생각의 전환은 한 사람에게 다각도로 인생의 가능성을 열어줍니다.
> 책은 다른 어떤 자극보다 정제되어 있고, 평생 직접 만날 수 없는 각 분야 전문가들의 수준 높은 양질의 자극을 공급해줍니다."

INTERVIEW

어린이책 추천 1

엄마가 엄마가 된 날 / 아빠가 아빠가 된 날

나가노 히데코 | 책읽는곰

어린이들은 자신이 태어난 날의 엄마와 아빠를 궁금해한다. 부모의 행복한 감정을 상상하고 간접 경험해보는 책이다. 부모에게 꾸중을 들었을 때, 속상한 일이 있을 때 찾아 읽곤 한다.

> 이제 개인의 시대를 넘어
> '핵개인의 시대'라고 한다.
> 시대 변화에 발맞춰
> 개인과 개인 간,
> 가족 간의 관계에도
> 새로운 정의가 필요하다.
>
> 관계의 재정립에
> 도움이 되는 책을 추천한다.
>
> **구자영(후추맘)**

어린이책 추천 2

핑퐁클럽

박요셉 | 문학동네

사람과 사람의 관계를 탁구공과 탁구채, 탁구 테이블 그리고 탁구를 치는 사람이라는 다양한 소재로 표현한다. 재미와 깊은 울림을 경험할 수 있는 관계에 관한 철학서.

어린이책 추천 3

엄마를 화나게 하는 10가지 방법 / 아빠를 화나게 하는 10가지 방법

실비 드 마튀이시윅스 | 어린이작가정신

어린이들이 제일 신나게 읽는 책이다. 부모를 화나게 하고 싶어서가 절대 아니다. 『아이를 화나게 하는 10가지 방법』이라는 책이 있다면 부모들도 재미있게 보지 않을까.

▲ + □

어른책 추천 1

내가 너에게 절대로 말하지 않는 것들
실레스트 잉마시 | 멜로

"리디아는 마음속으로 느끼고 있었다. 결국 모든 일이 일어나리라는 걸. 결국 그림이 없는 책을 읽어야 하는 날이 오리라는 걸. 문제는 점점 더 어려워지고 길어지리라는 걸. 분수도, 소수도, 지수도 알아야 한다는 걸. 문제는 점점 더 난해해지고 교묘해지리라는 걸. 고깃덩어리를 놓고도 엄마는 이렇게 말하게 될 거다. '리디아, 엄마가 수를 하나 생각했어. 이 수에 2를 곱한 뒤 1을 더하면 7이 돼' 리디아는 계산 순서를 거꾸로 되짚어 답을 찾아내야 할 테고, 답을 맞히면 엄마는 웃으며 디저트를 가져다 줄 거다." (211쪽)

후추맘이 발행한 격월 매거진 『PEPPER』에도 사용한 일러스트 프로필은 현재 초등학생 5학년이 된 어린이가 2학년 무렵 그녀의 책상 앞에 서서 작은 메모지에 그려준 그림이다.
"저에겐 이런 그림이 아주 많아요. 모두 소중하죠. 중요한 건 모든 그림이 저랑 똑 닮았다는 사실이에요."

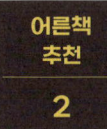

어른책 추천 2

오히려 최첨단 가족
박혜윤 | 책소유

"나이가 들어서 자식들에게 사랑과 존경을 받는 것보다, 나는 자식들의 삶에 'relevant'해지고 싶다. 자식들이 늙은 부모를 안쓰럽게 여기고, 과거에 감사하는 심정으로 내게 친절하게 대해주는 것도 기쁠 것이다. 좋은 인성을 가진 사람으로 자랐다는 증거니까. 하지만 자식이 부모의 실망을 걱정하지 않고 자기 의견을 자유롭게 표현할 수 있고, 그럼으로 인해 그들에게 필요한 부모이고 싶다. 지금은 어리기 때문에 돈과 보호와 정서적 지원이 필요한 것처럼, 그 필요의 구체적인 모습은 미래에는 달라질 것이다." (155쪽)

어른책 추천 3

나는 내가 좋은 엄마인 줄 알았습니다
앤절린 밀러 | 월북

"니나는 내가 옆에 있으면 자신이 무능하게 느껴진다고 고백했다. 이 말을 듣고 나는 큰 상처를 입었다! 다른 부모들도 그렇듯이 나는 내 아이들이 스스로를 자신만만하고 유능하다고 느끼며 성장하기를 바랐다. 그런데 오히려 내가 바깥세상의 고충거리에서 딸을 보호하려고 애쓰며 오랜 날들을 보내온 것이다." (96쪽)

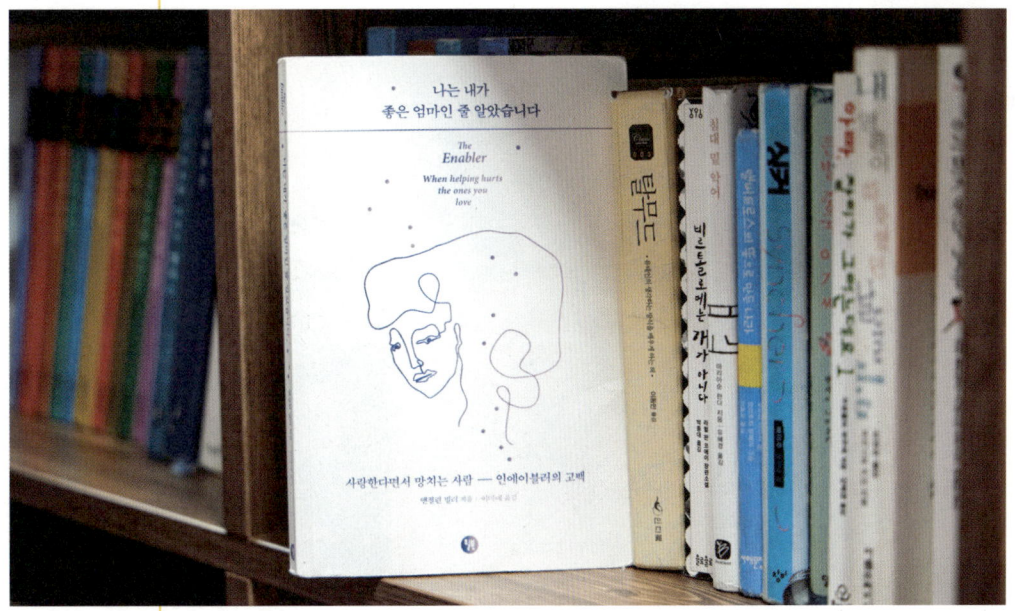

FASHION

모델 이든, 브룩, 루비, 이안 패션스타일링 유민희 헤어메이크업 박성미 사진 제이쿱 마이어스 진행 배주현 기자

브룩 블루, 그린 스트라이프 패턴의 럭비 셔츠 5만5천원, 젤리멜로 / 옐로컬러 스프링 재킷 7만9천원, 메르시유 / 볼캡 3만1천원, 메르시유 / 화이트 아일릿 풀스커트 4만9천원, 메르시유 / 네이비컬러 하이톱 4만5천원, 컨버스 / 그린컬러 양말 1만2천9백원, 굿마더신드롬

▲ + □

Kids Somewhere, 언제나 어린이

모험과 환대만이
가득한 세상.

우리가 꿈꾸는
그곳에서
만난 아이들.

이든 라이트 그린컬러 비버 프린트 셔츠 6만9천원, 엔페이퍼 / 오렌지 플레이드 체크 와이드 팬츠 18만8천원, 트루아티스트 / 그린컬러 샌들 2만5천원, 메듀즈키즈 / 킹엄체크 패턴의 버킷햇은 스타일리스트 소장품

이안 클로버 패치워크 머스터드 컬러 니트 베스트 5만5천원, 젤리멜로 / 스트라이프 패턴의 조거팬츠 3만9천원, 메르시유 / 블루 하이톱 4만5천원, 컨버스

루비 비비드한 하트프린트 코튼 드레스 5만9천원, 메르시유 / 핑크 그린컬러의 니하이삭스 2만3천9백원, 굿마더신드롬 / 옐로컬러 하이톱 4만5천원, 컨버스

브룩 귀여운 프린트 스웨트 티셔츠 4만9천원, 엔페이퍼 / 빈티지 블루 투칸 프린트 미니스커트 5만9천원, 엔페이퍼 / 데님 소재 볼캡 3만3천원, 메르시유 / 옐로컬러 샌들 2만5천원, 메듀즈키즈 / 니하이 삭스는 스타일리스트 소장품

FASHION

루비 토마토 레드컬러 웨이브 드레스 9만9천원, 젤리멜로 / 오렌지 브라운컬러 양말 1만2천9백원, 굿마더신드롬

이안 그린컬러 리브드 버튼 다운 티셔츠 5만9천원 / 오렌지 포켓, 블루 버튼의 유틸리티 베스트 8만9천원 / 테리 소재 바이커쇼츠 3만9천원, 모두 엔페이퍼 / 스트라이프 양말 1만7천9백원, 굿마더신드롬 / 그린 스티치 슈즈와 비니는 스타일리스트 소장품

▲＋□

▲ + ▢

브룩 잉크컬러 스트라이프 티셔츠 8만8천원, 트루아티스트 / 라이트 컬러 데님 오버올 8만8천원, 메르시유 / 그린컬러 볼 캡 가격미정, 피치스

FASHION

이든 로고플레이 블루 빈티지 스웨트 셔츠 11만2천원 / 버뮤다 쇼츠 9만5천원 / 블루컬러의 짐 백 12만8천원, 모두 트루 아티스트

이안 레드 지그재그 프린트의 쇼트 재킷 5만5천원 / 팬츠 4만9천원, 모두 젤리멜로

이든 그린 스카이블루 스트라이프 패턴의 테리 소재 셔츠 11만 8천원, 트루아티스트 / 그린 체크 패턴의 코튼 팬츠 3만9천원, 메르시유

▲ + □

FASHION

루비 하트 프린트 코튼 드레스 5만 9천원, 메르시유 / 컬러 블록 니하이삭스 2만3천9백원, 굿마더신드롬 / 옐로컬러 하이톱 4만5천원, 컨버스

이안 브라운컬러의 패치워크 니트 베스트 5만5천원, 젤리멜로 / 스트라이프 패턴의 조거 팬츠 3만9천원, 메르시유 / 빈티지한 블루컬러 하이톱 4만5천원, 컨버스

루비 라이트 핑크컬러의 테리 소재 셋업 5만9천원, 메르시유 / 스트라이프 버킷 햇 4만8천원, 젤리멜로

이든 톤 다운 테리 소재 셋업 5만9천원, 메르시유

이안 부클 소재의 쇼트 재킷 5만5천원, 젤리멜로

제품협조 굿마더신드롬(www.goodmothersyndrome.com), 메듀즈키즈(www.lfmall.co.kr), 메르시유(www.merciu.co.kr), 벤시몽키즈(brand.naver.com/bensimonkids), 엔페이퍼(www.enpaper.kr), 젤리멜로(www.jellymallow.com), 컨버스(www.converse.co.kr), 트루아티스트(www.trueartist.kr), 피치스(www.aout.co.kr)

SPACE + GOODS

내 꿈은 말야!

아이들의 꿈은 범상치 않다.
때론 기발하고, 때론 황당하고,
때론 평범하다 싶어도
저마다 그럴듯한 이유가 있다.
'쥬트 아뜰리에'에서
만난 아이들의 꿈 그리고 꿈을 키우는
키즈 아이템을 소개한다.

프리마 발레리나를 꿈꾸는 김태리(5세)

"일요일부터 화요일까지는 아기들한테
발레를 가르치고, 수요일부터
토요일까지는 프리마 발레리나로 무대
위에서 춤을 출 거예요."

직접 디자인하고 아이들 피부를 고려해 국내산
고급 원단을 사용하는 핑크골드 공단 발레슈즈
2만4천원, 해피발레

▲ + □

공주를 꿈꾸는 이하루(3세)

"공주가 되고 싶어요. 매일 드레스를 입을 수 있다니, 너무 좋아요."

상상력의 세계를 무한히 펼칠 수 있는 역할 놀이 장난감이자 감성 아트 피규어 플레이모빌 XXL 공주. **17만원, 인더스토리**

건축가를 꿈꾸는 신호연(5세)

"우리 집 강아지 플로콩과 두두의 집을
멋지게 지어줄 거예요. 예술가가 되어
전시회도 열고요. 어떻게 그려낼지 너무
고민이 되어 아직 정하지 못했어요."

유명 건축물을 나만의 창의적인 작품으로
만들어내는 아키텍처 키트.
어린이 건축 교육기관 아키차일드에서 론칭한
건축교육 키트 아키박스 도시만들기-뉴욕.
아키차일드 1회차 구독, 4만원대

▲ + □

글씨를 처음 배우는 아이들을 위한
스타빌로의 필기구. 오른손잡이용과
왼손잡이용으로 구분되며, 보디에
맞춤형 그립 홈을 넣어 아이들의 손에
꼭 맞는 연필 이지그래프와
색연필 이지컬러.
스타빌로 이지그래프 2본, 8천원
이지컬러 12색 세트, 4만원

SPACE + GOODS

친환경 회사에서 일하고 싶은 김태호(7세)

"환경을 지켜야 사람들과 미래 환경을 좋게 만들 수 있잖아요. 내가 친환경 회사에서 일하지 않으면 나무가 없어지고 사람들이 살기 힘들어질 것 같아요."

깊은 바다 속 다양한 생물들이 생생하게 펼쳐지며, 바다와 생물에 대한 유익한 정보가 담긴 홀로그램 포티큘러 북 오션. **3만8천5백원, 인더스토리**

멋진 어부를 꿈꾸는 이수하(9세)

"클래식카를 타고 바다에 나가 매일 낚시를 하는 어부가 될 거예요."

모든 세대에게 즐거움을 주는 클래식 자동차. 스타일리시한 아트 토이 브랜드 플레이포에버의 유에프오-콜롬바(화이트), 유에프오-레오네사(블루). **각 8만8천원, 인더스토리**

수의사를 꿈꾸는 오소담(9세)

"동물들을 좋아해요. 동물들이 행복하면 나도 행복해요."

말랑말랑한 천연 라텍스에 폴리 솜을 채워 가볍고 유연한 촉감을 느낄 수 있는 키즈카니발 소프트 동물 인형 달마시안.
5만5천원, 인더스토리

택시 운전사를 꿈꾸는 **이수인**(7세)

"람보르기니 노란 우루스를 택시로 만들어서 신나게 달릴 거예요. 그런데 돈이 없는 할머니, 할아버지는 공짜로 태워드려요."

테니스 코치를 꿈꾸는 **이수리**(12세)

"나는 초등학생 선수들을 위한 테니스 코치가 될 거예요. 테니스도 좋아하고, 아이들에게 뭔가 가르치는 것도 좋아하거든요."

다정한 선생님을 꿈꾸는 **김태이**(9세)

"내 꿈은 선생님이에요. 다정한 선생님이 되어 학생들이 모르는 걸 구체적으로 잘 알려줄 자신이 있어요."

SPACE + GOODS

파티시에를 꿈꾸는 황재이(7세)

"맛있는 걸 먹을 때 정말 행복한데
그걸 만들 수 있다면 얼마 행복할까요?
그림 그릴 때도 행복해서 화가가 되고
싶기도 해요. 그래서 생각한 게, 그림처럼
예쁜 디저트를 만드는 파티시에죠!"

예쁜 모양의 프린트와 패턴을 사용해
아이들이 꿈꾸는 행복한 추억을 만들어주는
파티 용품 브랜드 메리메리 컵케이크 키트.
2만4천원, 인더스토리

장소협찬
쥬트 아뜰리에 정동점
제품협찬
아이큐박스(iqbox.co.kr)
인더스토리(인스타그램 @inthestory.lifestyle)
아키차일드(archild.co.kr)
스타빌로(www.stabilo.kr)

▲ + □

내 안의 아티스트를 만나는 '쥬트 아뜰리에'
프랑스 국립학교의 커리큘럼을 기반으로 패브릭과 다양한 미술 기법을 활용하며 아이들의 창의력, 표현력 성장을 돕는 아트 클래스를 제공한다. 쥬트의 예술교육 커리큘럼은 일상 속에서 자연스럽게 예술을 접하고 성장하며 자신이 지닌 특별한 잠재력을 발견하게 해준다. 아이 스스로 수많은 선택과 결정을 하며 자신만의 작품을 완성하고, 그 과정을 통해 성취감, 자존감, 회복탄력성이 뛰어난 아이로 성장하도록 돕는다.
쥬트 아트 에듀케이터들은 수업 중 아이의 생각과 활동을 면밀하게 관찰하여 아이의 발달 단계, 성향에 맞추어 감정을 나누고 감성을 교류하는 커뮤니케이션에 집중한다. 활동 중 필요한 규칙을 존중하며 사회성을 기르고, 자기 작품을 소개하며 표현력을 높인다. 또 다른 아이의 작품을 보며 공감 능력과 사회 교류 능력을 강화한다.
전국 13개 쥬트 아뜰리에에서 아이들의 아트 클래스를 만날 수 있다.

Info.
쥬트 정동 아뜰리에
address. 서울 중구 정동길33 신아기념관 208호
website. www.zutkorea.com
인스타그램 @zut_official

PARTNERS

아이도, 어른도 환영해요!

아이들의 울고 웃는 소리가 자연스럽게 받아들여지는 날을 꿈꾸며 아이들을
어른과 동등한 방문자로 환대하는 공간 리스트를 공개한다. '어디에든, 어린이' 캠페인에
동참해 어린이다움을 인정하자는 메시지를 사회 곳곳에 전하는 스팟파트너들.

EDUCATION

나무다플래닛
도시 아이들이 자연에서 놀고 배우는 자연 교육기관이다. 디지털 세상에서 만나지 못한 '자연', '함께', '생각'의 가치를 이해하도록 돕는다. 원어민 선생님과 함께하는 '숲속 탐험대 나무다 포레스트', 처음 만나는 자연 이야기 '베이비 나무다', 자연에서 창의성을 기르는 자연 예술 프로그램 '나무다 가든', 내 손으로 키우고 요리하는 '꼬마농부의 맛있는 텃밭 나무다 농장' 등 자연과 함께하며 즐거운 추억을 만들 수 있는 다양한 프로그램을 기획, 운영한다.
02-2299-1215 서울시 서초구 동광로 184, 동산빌딩 2층 www.namuda.org

상호명	전화번호	주소	웹사이트/SNS
깍지모모 북 아지트	010-8289-9304	서울 강남구 밤고개로165번길 LH수서1단지 상가동 201호	www.instagram.com/kkakjimomo_book_agit
나무상자창의숲	031-747-5692	경기 성남시 수정구 수정남로247 수정타운 A-201	www.instagram.com/woodenbox_forest
달리운동장	010-2621-7802	서울 마포구 월드컵로3길 31-31 네오빌딩 3층	www.instagram.com/dalliplayground
달리익스플로링	010-2286-7802	서울 마포구 양화로13 스퀘어리버뷰 205호	-
달리짐	010-6643-0096	서울 마포구 월드컵로3길 31-31 네오빌딩 B1층	www.instagram.com/dalliplayground
두근두근×아트스튜디오엠 미술학원	010-4992-9441	경기 고양시 일산동구 위시티2로 27 위시티탑프라자 201호	www.instagram.com/kids_studio_m
두근두근×키즈스튜디오엠 미술학원	010-5148-8850	서울 은평구 역촌동 1-9번지 구산빌딩 7층	www.instagram.com/kids_studio_m
떼굴떼굴동탄미술교습소	031-378-3433	경기 화성시 동탄순환대로 21길 15, 203호	www.instagram.com/ddegul.dongtan
떼굴떼굴미술프로젝트	010-5054-5556	경기 용인시 수지구 광교호수로 360번길 9-1 101호	www.instagram.com/ddegul.art.project
떼굴떼굴미술학원 수지상현점	010-8549-5559	경기 용인시 만현로120 B동 515호	www.instagram.com/ddegul.suji
마법방과후	02-454-0657	서울 광진구 자양로50길 76 마법방과후	chood.modoo.at
모이스쿨스영재교육원	053-745-0212	대구 수성구 달구벌대로 469길 16	www.instagram.com/pedagogy_sta
바다쓰기	010-9074-2781	제주 제주시 애월읍 하귀1길 138, 1층	diup.co.kr
봉프앙 프렌치 아틀리에 반포원	031-970-2911	서울 서초구 고무래로 6-7 경화빌딩 1층	blog.naver.com/bonpointart
봉프앙 프렌치 아틀리에 화정원	02-591-2911	경기 고양시 덕양구 화중로 32-31 효원빌딩 5층	blog.naver.com/bonpointart
쁘띠포레+본점	031-672-7501	경기 안성시 일죽면 사실로 305	petitforet.co.kr
서울발명가클럽	02-2642-5202	서울 양천구 목동서로 70 상가 A동 101호	www.seoulinventors.club
시시소소	010-4330-5586	서울 마포구 도화2길 27 5층(11월에 롯데백화점 잠실점 8층으로 이전)	www.sisi-soso.com
아소비 세천현대엠코점	010-4006-2684	대구 달성군 다사읍 세천로 160, 106동 204호(북죽곡엠코타운더솔레뉴)	www.instagram.com/_dodo.r_asobi.mco_
아키차일드Archild 아키박스Archibox	02-6080-2458	서울 서초구 방배로 32길 55, 1층	www.Archild.co.kr
아트라피	010-8594-0932	경기 의정부시 오목로 196 1층 50호	www.instagram.com/artrapy
아트인사이드	010-9633-1313	서울 영등포구 국제금융로 112(상아빌딩), 304호	www.instagram.com/artinside.official
어놀문화센터 노형점	010-4152-0327	제주 제주시 노형로 407 4층	cafe.naver.com/anoljeju
어놀문화센터 삼화지구점	010-7124-9261	제주 제주시 건로로 65 3층	cafe.naver.com/anoljeju
어놀문화센터 이도아라점	010-6620-0481	제주 제주시 구산로 39	cafe.naver.com/anoljeju
역사공방	010-6321-0413	경기 시흥시 은계호수로49 3층 3021호	www.instagram.com/history_gongbang
올로 스튜디오OLO studio	010-2317-9274	경기 김포시 김포한강11로 140번길 8-20 1층	www.instagram.com/_olo.studio_

상호명	전화번호	주소	웹사이트/SNS
이음유	010-4827-2072	서울 영등포구 국제금융로8길 27-8 4층 4238호	www.instagram.com/yium_you
쥬트 광교 아뜰리에	010-5089-9498	경기 수원시 영통구 광교호수공원로 300, 포레나광교 115호, 116호	www.instagram.com/zut_gwanggyo
쥬트 대전 아뜰리에	010-5446-3455	대전 원신흥로 55번길 6-20	www.instagram.com/zut_daejeon
쥬트 도산공원 아뜰리에	02-518-1440	서울 강남구 언주로152길 15-6 2층	www.instagram.com/zut_dosanpark
쥬트 마포 아뜰리에	010-7102-1440	서울 마포구 대흥로 164 마포프레스티지자이 상가 F동 1층 101호	zutkorea.com/
쥬트 분당 아뜰리에	031-602-6051	경기 성남시 분당구 판교공원로1길 34 1층	instagram.com/zut_bundang
쥬트 세종 아뜰리에	044-867-7212	세종 도움 8로 81 세종일번가 B동 201호	instagram.com/zut_sejong
쥬트 송파 아뜰리에	010-7399-1440	서울 송파구 위례성대로12길 5-6 3층	Instagram.com/zut_songpa
쥬트 옥수 아뜰리에	02-2291-1440	서울 성동구 매봉길 48, 힐스타운 402호	www.instagram.com/zut_oksu
쥬트 정동 아뜰리에	010-5780-1440	서울 중구 정동길33 신아기념관 208호	www.zutkorea.com
쥬트 하남 아뜰리에	010-2752-5882	경기 하남시 미사강변한강로354번길 27 1층	www.instagram.com/zut_hanam
쥬트 아뜰리에 대구점	053-568-0033	대구 수성구 들안로 1길 25	instagram.com/zut_daegu
쥬트 일산 아뜰리에	010-2631-3103	경기 고양시 일산동구 태극로 11 상가동 204호	www.instagram.com/zut_ilsan
책이부리는JEJU	010-8557-4937	제주 동화로1길 49-8 2층	www.instagram.com/roa_bookjeju
클랩 스튜디오	070-7797-3971	-	www.youtube.com/clapstudio
키즈캔라운지 판교	031-781-0922	경기 성남시 분당구 판교공원로 2길 38	www.kidscan.co.kr
퍼들점프 어린이 프로젝트 클럽 Puddle Jump	010-9795-1484	경기 고양시 덕양구 동산2로 11	www.instagram.com/puddlejumpclub
플레이앤뮤직	010-6565-5514	전북 전주시 완산구 화산천변3길 7-6	www.instagram.com/play_and_music

CULTURE

포포시네마

어린이에게 최적화된 키즈 전용 영화관이다. 아이들이 자유로운 환경에서 영화를 볼 수 있도록 친근한 인테리어와 음향, 조도 등 상영 시스템을 갖췄다. 아이들의 첫 영화 관람이 즐거운 기억이 될 수 있도록 도와준다.

070-4800-6068
경기 김포시 풍무로 167 김포풍무홈플러스 B1층
www.monoplex.com/space/17

헬로우뮤지움

2007년 개관한 국내 최초 어린이 미술관으로, 서울시 등록 미술관이자 세계어린이박물관협회 소속 미술관이다. 어린이를 위한 전시와 체험 활동을 진행한다. 2023년부터는 서울숲과 협력하여 지역사회와 소통하는 미술관으로서 ESG 활동을 실천한다. '배리어프리, 플라스틱프리' 등 예술·생태 감수성 교육을 적극적으로 기획하고 실행한다.

02-3217-4222 서울 성동구 성수일로 12길 20
www.hellomuseum.com

일러스트 스튜디오 포카

검은 개 '포카'와 어린이 '마꼬'를 그리는 일러스트레이터의 작업실이다. 일상에서 드로잉이 익숙해지도록 돕는 클래스를 운영한다. 어린이날 제정 100주년이던 2022년 홍제동, 홍은동 일대에 직접 제작한 '키즈웰컴' 포스터를 무료로 배포한 적이 있다. 어린이를 환영하는 공간과 사람이 많아지길 바라며 자체 기획한 어린이날 프로젝트를 지속적으로 진행하고 있다.

0507-1341-3099 서울 서대문구 세무서 7길 8, 1층
www.instagram.com/nariplanet

상호명	전화번호	주소	웹사이트/SNS
사르르 그림책방	010-2100-9711	서울 종로구 송월길 99, 경희궁자이 2단지 상가동 1층 2129호	www.instagram.com/sarrr_picturebook
생각탄생소, 인조이풀	010-2944-8023	경기 하남시 덕풍북로 253, 1층 코너	www.instagram.com/in.joyfull
씨드앤그로우	010-9010-8936	경기 수원시 권선구 서둔로 166 경기상상캠퍼스 생활1980 303호	www.instagram.com/seed_and_grow
온우드코리아	010-6856-4564	서울 송파구 올림픽로 240 롯데백화점 잠실점 9층 동심서당	www.onwood.co.kr
요즘서재	010-8408-1637	서울 송파구 오금동 70-9번지	www.instagram.com/yozm709.official
카멜레온어린이미술관 목동점	02-2653-7522	서울 양천구 신정동 1026-4 준빌딩 4층	www.instagram.com/hameleon_museum
키즈북렌탈 미금점	031-718-8575	경기 성남시 분당구 정자일로 55 두산위브 109동 상가 204호	www.instagram.com/peppermam
포도씨북	010-9704-2535	경기 성남시 위례광장로 104, 위례오벨리스크 2223호(2층)	www.instagram.com/podosee_book
호수책장	0507-1340-7690	서울 강서로45길 132-14	www.instagram.com/hosubookshelves

SHOPPING

F.A.O 슈와츠
프리미엄 장난감 편집숍으로, 1862년 설립된 세계에서 가장 오래된 장난감 가게이다. 뉴욕, 런던, 밀라노, 더블린, 베이징에 이어 서울에 생겼다. 독특한 장난감과 새로운 브랜드를 끊임없이 만날 수 있으며, 어린이에게는 영원히 간직할 수 있는 추억을, 어른에게는 동심을 일깨우는 경험을 선물한다. fao.co.kr

현대백화점 판교점 031-5170-2751 경기 성남시 분당구 판교역로146번길 20 현대백화점 5층
롯데월드몰점 0507-1412-4474 서울 송파구 올림픽로 300 롯데월드몰 4층

인더스토리
맘&키즈 라이프스타일 스토리텔링 편집숍이다. 디자이너의 철학, 지속가능성, 생활에 대한 영감, 현대적 창의성 그리고 위트와 재미라는 5가지 기준으로 브랜드를 큐레이션한다. 재미있고 신나는 이야기를 만들어가는 놀잇감, 아이의 라이프스타일을 업그레이드해줄 리빙 아이템, 식사 시간도 즐겁게 만들어주는 디자이너 커틀러리와 안전한 소재의 디시웨어, 디자인 문구와 도서, 전 세계 유명 미술관의 포스터, 디자인 굿즈 등 아이들은 더 아름답게 생활하게끔, 부모는 더욱 즐겁게 육아를 하게끔 돕는다. www.instagram.com/inthestory.lifestyle

현대백화점 무역센터점 02-3467-6661 서울 강남구 테헤란로 517 (삼성동) 현대백화점 4층
현대백화점 판교점 031-5170-2712 경기 성남시 분당구 판교역로 146번길 20 현대백화점 5층
대구신세계점 070-4667-6649 대구 동부로 149 (신천동) 신세계백화점 대구점 7층
더현대 서울점 02-3277-0555 서울 영등포구 여의대로 108 더현대 서울 5층

상호명	전화번호	주소	웹사이트/SNS
구버	02-426-8886	서울 강동구 아리수로 348, B1층	www.goober.kr
손끝비	0507-1382-0430	부산 금정구 하정로7	www.sonkkeutbee.co.kr
심도마도	02-981-0085	-	www.ximdomado.com
쏘유2	1899-4736	서울 용산구 이태원로55가길 3 B1층 쏘유	www.soyoo2.com
옐로우삭스	070-8958-7712	경기 의정부시 진등로 16 , 1층 옐로우삭스	www.yellowsocks.kr
핑크김치	0507-1348-6471	인천 강화군 강화읍 남문안길 11	smartstore.naver.com/soonmoostore
하이디어	010-3013-3610	서울 노원구 동일로179길 23, 2층	www.instagram.com/hai.dear__
howkidsful	041-904-9049	충남 천안 서북구 백석4길 21, 1층 하우키즈풀	howkidsful.com

ACCOMMODATION

더화이트버치
경기도 파주에 위치한 카페 겸 펜션이다. 카페에는 블록 등 장난감이, 펜션에는 아이들 책이 비치되어 있다. 건물 안팎으로 룸을 대여할 수 있어 여름철 아이와 물놀이하기 좋은 수영장 카페로도 입소문이 났다. 사계절 온수풀을 운영하며, 수영장 물 깊이는 프라이빗 풀은 50~60cm, 메인 풀 120cm로 아이들이 놀기 적당하다.

0507-1478-0422 경기 파주시 탄현면 새오리로 161번길 13-36 naver.me/59elMuh7

상호명	전화번호	주소	웹사이트/SNS
스테이 두루	061-910-2266	전남 순천시 장천6길 40	instagram.com/stay_dooroo
지아정원	010-3355-6517	제주 서귀포시 안덕면 동광로 265-100	naver.me/F8Knp8OC

F&B

(주)오픈

모도우, 동화고옥, 도쿄등심 등 외식 브랜드를 운영하는 (주)오픈은 아이를 동반한 가족이 편안하게 식사를 할 수 있도록 서비스를 제공한다. 15개 매장에는 키즈 떡갈비 반상, 한우 안심 반상 등 어린이 메뉴가 마련되어 있어 아이 먹일 음식 때문에 걱정할 일이 없다. 어린이 메뉴를 운영하지 않는 매장도 아이 의자와 식기를 제공한다. 더불어 임신부는 결제 시 산모수첩을 제시하면 30% 할인 받을 수 있다.

도쿄등심
광교점 031-214-8324 경기 수원시 영통구 광교호수공원로 80, 광교앨리웨이 3층
선릉점 02-6952-0824 서울 강남구 테헤란로 78길 16, 노벨빌딩 B1층
여의도 2호점 02-782-8324 서울 영등포구 국회대로 70길 12, 대산빌딩 B1층
여의도점 02-782-2260 서울 영등포구 여의나루로 50, 한국교직원공제회관 B1층 9호
www.instagram.com/tokyosirloin_official

모도우
광화문점 02-6016-6916 서울 종로구 율곡로 6, 트윈트리빌딩 B동 B1층 B101호
삼성점 02-565-8324 서울 강남구 테헤란로 87길 35, 금강타워 3 B1층
여의도점 02-6082-8324 서울 영등포구 국제금융로 2길 32, 여의도파이낸스타워 4층
www.instagram.com/modowoo__

서울로인
서울숲점 02-466-0329 서울 성동구 서울숲2길 32-14, 갤러리아포레상가 2층
서울점 02-6329-0329 서울 중구 한강대로 416, 서울스퀘어 B1층
www.instagram.com/seouloin_official

동화고옥
롯데월드몰점 02-3213-4665 서울 송파구 올림픽로300, 롯데월드몰 6층
서울점 서울 중구 한강대로 416, 서울스퀘어 B1층
선릉점 02-552-2260 서울 강남구 테헤란로 337, 화남빌딩 14층
www.instagram.com/donghwagohok

한암동
여의도점 02-6747-8324 서울 영등포구 국제금융로2길 32, 4층 401호
을지 트윈타워점 02-3706-7240 서울 중구 을지로 170, 1층 123호
정동점 02-3789-8324 서울 중구 정동길 21-15, 정동빌딩 신관1층
openine.com/한암동

상호명	전화번호	주소	웹사이트/SNS
도버빌리지	02-533-2915	서울 서초구 도구로9길 32, 1층	www.thevillageshop.kr
레오의 숲	033-818-8800	강원 춘천시 서면 당숲안길 139-1	www.instagram.com/leo_forest_
마마플레이트	053-752-3260	대구 수성구 청호로411, 1층	www.instagram.com/mama_plate
시나르	010-9105-4659	제주 노형10길3	www.instagram.com/jeju_sinar
충주 만나밥집	042-852-9590	충북 충주시 동수2길 35 만나밥집	www.instagram.com/mannadining
플로웨이브	0507-1305-9367	제주 한림읍 장원길 63-12 플로웨이브 카페	naver.me/5FlqYfyg

ETC.

상호명	전화번호	주소	웹사이트/SNS
아임히얼발달심리센터	070-7621-7568	경기 성남시 위례광장로 9-10 아롬타워 7층 704호	imherecenter.modoo.at
허그하트	031-792-4298	경기 하남시 미사강변동로 127, 경서타워 902호	www.hugheart.co.kr

더 나은 미래를 위해 작은 목소리를 모으는
'어디에든, 어린이' 스팟파트너 리스트를 확인해보세요.
문의 dgnhouse@naver.com

'어디에든, 어린이'
스팟파트너를 찾습니다

아이를 어른과 동등한 방문자로 환대하는 공간들과
파트너 협약을 맺습니다. 하나하나의 목소리는 작지만 모이면 큰 힘이 되니까요.

Q 스팟파트너 자격 조건이 있나요?

어린이의 행복과 건강한 성장을 지지하는 식당, 카페, 병원, 쇼핑센터, 갤러리 및 스튜디오, 공방, 교육기관, 쇼룸 및 편집숍 등 온·오프라인 공간이라면 등록 신청이 가능합니다.

- 어린이가 사회의 일원으로 인정받는 공간
- 어린이의 출입과 활동이 자연스러운 공간
- 어린이를 위한 제품을 생산하거나 서비스를 제공하는 공간
- 어린이가 일상에서 소소한 성취감을 얻을 수 있는 공간 등을 우선으로 선정합니다.

Q 스팟파트너는 무슨 일을 하나요?

'어디에든, 어린이' 캠페인에 참여해 아이들이 건강하게 성장할 수 있는 환경을 조성하는 사회적 역할을 수행합니다.

- '어디에든, 어린이' 캠페인 사인물 게재
- '어린이를 환영하고 어린이다움을 인정하자'는 캠페인 메시지 적극 실천
- 캠페인 관련 소식 홍보

Q 어떤 혜택이 있나요?

매거진, SNS, 오프라인 등 다양한 매체와 플랫폼을 통해 스팟파트너를 소개하고 알립니다.

- ☐ 파트너 인증 스티커, 비치용 리플렛 제공
- ☐ 매거진 『아이가 자라는 집』 제공
- ☐ '어디에든, 어린이' 스팟파트너 공유 리스트·맵 제작 배포
- ☐ 캠페인 SNS, 맘앤앙팡 포스트 외 디지털 홍보
- ☐ 서울리빙디자인페어 초청장 제공

Q 등록은 어떻게 하나요?

맘앤앙팡 인스타그램(@momnenfant) 프로필 링크나 아래 QR코드를 통해 신청서를 접수하면 1~2주일 후 등록 여부를 회신합니다.

2024 키즈 패밀리 트렌드

지난 3월 서울 코엑스에서 「2024 서울리빙디자인페어」가 열렸다. 그중 키즈 라이프스타일 트렌드를
제시하는 디자인 기획전 「아이가 자라는 집」에서는 부모와 아이의 올바른 성장에
도움을 주는 가치관을 제시하는 기획 전시와 '어디에든, 어린이' 사회인식 개선 캠페인관을 조성해
'아이와 함께하는 행복한 삶'의 가치를 전했다. 이 자리에는 안전과 행복,
건강한 성장을 중요시하는 키즈 패밀리 브랜드들이 함께해 전시를 빛냈으며 성황을 이뤘다.

"그럼 서로 마주보고 힘차게, 하이파이브!"
육아 생활에 영감을 주는 기획전 「아이가 자라는 집」展

부모와 아이를 바라보는 콘텐츠를 꾸준히 기획해온 디자인하우스 맘앤앙팡은 '아이가 자라는 집에 무엇이 필요할까?'를 묻고, 그 답을 찾아가는 여정을 담아내는 기획전시 「아이가 자라는 집」展을 6년째 전개하고 있다. 육아, 심리, 예술 등 각 분야 전문가와 협업함으로써 부모와 아이의 올바른 성장에 도움을 주는 가치관을 제시한다.

지난 3월에는 어린이 가구 브랜드 '탬버린하우스'와 손잡고 'Hi-Five하이파이브'를 주제로 7번째 「아이가 자라는 집」展을 열었다. 감정을 소통하는 일상적 대화의 상징적 행위인 '하이파이브'에 담긴 의미를 매일 나누는 다섯 마디 말로 표현했다.

아동심리, 부모교육 전문가들은 감정을 현명하게 표현하는 소통은 긍정적인 사람으로 살게 하는 원동력으로 꼽는다. 자신의 생각, 욕구, 감정을 잘 표현함으로써 타인과 원활하게 소통하고 긍정적인 관계를 맺는다는 것. 그런 의미에서 감정을 소통하는 말은 아이가 자라는 집이 일상을 신나게 공유하는 공간, 슬픔도 꺼내어 나눌 수 있는 안식처, 에너지를 얻는 마음 충전소가 되기 위한 첫 번째 조건이다.

소규모 아트워크 스튜디오 파파워크룸과 협업 제작한 인트로 애니메이션을 보고 전시장에 들어서면 전문가가 제시한 일상적 소통의 중요성과 책 속 한 구절 그리고 '탬버린하우스' 가구 등을 관람할 수 있었다. 아이를 키우는 부모 외에도 코로나 팬데믹으로 소통이 막히면서 힘든 시기를 지나온 모든 관람객에게 영감을 주기에 충분했다.

NEWS

아이의 공간에 리듬을,
탬버린하우스

동그라미, 세모, 네모에 기초한 미니멀 디자인과 톡톡 튀는 컬러로 공간에 리드미컬한 즐거움을 선사하는 유아 가구 브랜드이다. 컬러를 매개로 아이에게 창의적, 예술적 에너지를 이끌어내고, 부모에게 심미적 만족감을 준다. 부모의 취향을 강요하거나 아이다움을 배제하지 않고도 공간에 즐거움을 더할 수 있음을 보여준다. tambourine-house.com

Play with Playmobil
플레이모빌

아트토이 브랜드 플레이모빌이 아이도 어른도 모두 환영하는 키즈 패밀리 라운지에 함께했다. 「아이가 자라는 집」 기획전 바로 옆에 마련된 키즈 패밀리 라운지는 관람객 누구나 쉬거나 놀다 갈 수 있는 공간이다. 대형 피규어들이 총출동해 포토존 역할을 톡톡히 했으며, 플레이모빌 50주년을 맞아 출시된 한정판 피규어 세종대왕 실물이 전시되어 큰 관심을 모았다.
www.instagram.com/pmkorea

"어린이를 어른과 동등한 구성원으로 환대해주세요"
어디에든, 어린이 캠페인관 「어린이 탐구생활」展

'어디에든, 어린이 Kids Everywhere'는 디자인하우스 맘앤양팡이 전개하는 사회인식 개선 캠페인이다. 어린이를 유니콘 같은 판타지의 존재로 미화하지 않으며, 미성숙하다는 이유로 배제해야 할 존재가 아니라는 것을, 있는 그대로 인정하고 존중해야 할 존재라는 것을 되새길 수 있도록 사회 곳곳에 메시지를 전한다. 「어린이 탐구생활」展은 캠페인 론칭을 알리는 첫 번째 전시였다. '어린이'의 개념을 정의하고 아동 권리의 근간을 이루게 한 소파 방정환 선생의 '어린이 해방 선언문'을 전시했으며, 어린이 관련 통계를 바탕으로 '숫자로 보는 어린이 세상'을 살펴봤다. 그중에서도 관람객의 가장 뜨거운 관심을 받은 공간은 스티커 투표존과 기부 체험존이다. "당신이 생각하는 어린이의 특징에 스티커를 붙여주세요"라는 메시지와 함께 제시된 단어는 사랑스럽다, 귀엽다, 순수하다, 소란스럽다, 솔직하다, 징징거린다, 단순하다, 서툴다 등 8가지였다. 이는 사랑스럽고 귀여운 존재이지만 징징거리고 서툰 어린이의 특성을 있는 그대로 인정하는 데 도움을 주었다. 관람객이 투명 박스에 볼을 채우면 아동 패션 브랜드 '블루독'이 국제양육기구 한국컴패션을 통해 100명의 어린이에게 후원 물품을 전달하는 기부 체험존 역시 뜨거운 관심을 받았다. 더불어 「어린이 탐구생활」 신문을 발행해 전시장 내외에서 다시 한 번 어린이 세상에 대한 이해를 도왔다.
'어디에든, 어린이' 캠페인은 앞으로 어린이를 어른과 동등한 사회 구성원으로 환대하는 공간, 기업, 지자체 등과 뜻을 모아 다양한 프로젝트를 펼칠 예정이다. 협업 문의 dgnhouse@naver.com

주목할 만한 키즈 패밀리 브랜드

2024 서울리빙디자인페어 「아이가 자라는 집」에 참가해 키즈 라이프스타일 트렌드를 제시한 브랜드를 소개한다.

아키박스 www.archibox.co.kr
어린이 영어건축 교육기관 '아키차일드(Archild)'에서 연구 개발한 DIY 아키텍처 키트 '아키박스'. 뉴욕과 런던의 어린이 건축학교 커리큘럼을 이수한 교육 전문가들이 개발한 건축 액티비티를 정기구독 형태로 받아볼 수 있다. 매달 역사적으로 유명한 건축가와 건축물을 소개하고, 제공되는 소재를 이용해 자신만의 건축물을 설계할 수 있어 아이들의 창의성과 사고력 확장을 이끈다.

우드래빗 woodrabbit.co.kr
아이에게 필요한 가구를 아름답게 디자인해 아이만의 공간을 선물한다. 자작나무 합판으로 제작한 아이 가구를 성장과 활용성에 따라 자유롭게 분리할 수 있도록 설계한다. 우유처럼 하얗고 부드러운 이미지의 벙커침대 '마이토 텐트 벙커 침대'는 우드래빗의 대표 제품이다. 벙커 침대 하단에 커튼을 달아주면 아이만의 작은 아지트가 생기고, 수납장을 넣으면 좁은 아이 방의 활용성이 극대화된다.

하우키즈풀 howkidsful.com
아이 신학기를 준비 중인 학부모, 어른이지만 아이 같은 취향을 가진 디자인 문구 애호가라면 발걸음을 멈추게 하는 브랜드이다. 감각적이면서도 세련된 디자인 덕분에 아이도, 어른도 사랑할 수밖에 없다. 선명한 색감과 위트 있는 디자인, 간결하고 실용적인 스테이셔너리, 가방, 액세서리 등을 선보였으며, 그중 스쿨백과 키즈 백팩이 특히 인기를 끌었다.

온우드코리아 onwood.co.kr
아이의 공간을 즐겁고 건강하게 꾸며주는 원목 교구를 선보인다. 자연에서 온 놀이가구는 건강한 발달을 위한 놀이 환경을 구성하는 한편, 지침이나 설명 없이도 놀면서 세상을 파악하고 규칙을 발견하도록 돕는다. 발도로프 하우스, 조립형 플레이하우스, 피클러 트라이앵글 등 대근육 발달 교구부터 작은 장난감까지 품질 좋은 나무로 제작한다.

더빌리지샵TVS www.thevillageshop.kr
캅카, 타셴, 푸에브코, 어센틱모델즈, 펜코, 레데커, 이쿠나, 프레민트, CDFB 등의 소품들을 소개하는 편집숍이다. 시각예술, 건축, 디자인 스타일에 다양한 재료를 결합하여 화려하고 풍요로운 분위기를 연출하는 아트 데코 컬렉션 '어센틱모델즈 열기구 모빌'은 어느 공간에서나 매력을 발산한다.

손끝비 sonkkeutbee.co.kr
꿀벌이 남기고 간 벌집 밀랍을 재사용해 비누, 초, 포장재 등 일상 물건을 만든다. 기분 좋은 불편함에 익숙해지면서 플라스틱 없는 삶을 자연스럽게 실천하도록 돕는다. 밀랍을 면 소재에 흠뻑 적셔 만든 포장재는 플라스틱 비닐, 알루미늄 포일, 일회용 포장재를 대체한다. 42일간 숙성한 천연 밀랍비누는 플라스틱 없는 욕실 만들기에 도움이 된다.

미야앤솔 www.miyansol.com
편안한 걸 넘어서 스타일리시한 데일리 패션 가방이다. 깃털같이 가벼운 무게, 방수성과 내구성이 뛰어난 소재, 감각적인 컬러까지 두루 갖췄다. 유니크한 컬러감 덕분에 패션 포인트로 활용하기에도 좋다.

구버 goober.kr
디자인스튜디오 땅콩프레스에서 그림을 주제로 만든 브랜드이다. 아이 첫 크레용으로 안전성과 디자인을 인정받은 '구버크레용'은 단단하고 손에 잘 묻어나지 않는 안전한 놀이도구다. 2024 서울리빙디자인페어에서는 드로잉북과 시계의 기능을 합쳐 DIY 키트 형태의 '드로잉시계'를 선보였다. 친환경 보드 레이어를 조합해 디자인 시계를 만들고 자신의 공간을 꾸미려는 인파로 전시 공간이 북적거렸다.

OMY www.instagram.com/omy_kr
안전하면서도 놀이를 통해 디자인 감각을 학습할 수 있는 컬러링 아트의 필요성을 느낀 두 그래픽 디자이너가 개발한 컬러링 브랜드이다. 자유, 상상, 즐거움을 담은 감성 컬러링 제품으로 아주 작은 것부터 큰 것까지, 무엇을 상상하든 그 이상의 창의적인 캐릭터와 위트 있는 디테일을 만날 수 있다.

옐로우삭스 yellowsocks.shop
다양한 패턴과 컬러를 활용한 디자인으로 일상에서 편안하고 멋스러운 스타일링을 완성하는 패션 양말 브랜드이다. 자체 디자인하고 생산해 높은 퀄리티를 유지하면서도 합리적인 가격대의 제품을 선보인다.

핑크김치 smartstore.naver.com/soonmoostore
강화 특산물인 순무를 현대적으로 해석한 핑크빛 발효식품 브랜드. 순무로 담근 김치류는 물론이고, 라페, 피클, 쏨당 등 절임류, 잼, 페스토까지 다양한 재료와 조합해 순무의 다채로운 맛을 찾아낸다. 프랑스 당근샐러드인 '라페'에서 영감을 얻어 알싸한 맛을 지닌 강화순무로 만든 '순무라페'와 건강식으로 알려진 양배추를 더한 '순무양배추라페'가 관람객의 관심을 모았다.

이응이 oioiooi.com
놀면서 저절로 배우는 교육용 놀잇감을 개발한다. 그림과 글자를 연결해 한글, 알파벳, 숫자를 배우는 나무블록이 대표 제품이다. 글자와 짝이 맞는 그림 조각을 맞춰 카드에 제시된 모양 완성하기는 기본, 맞춰진 퍼즐이 뜻하는 단어나 표현 익히기, 자석을 붙이면서 새로운 모양이나 글자 만들기 등이 가능하다.

아트플레이어 www.artplayer.co.kr
도자기, 세라믹, 유리, 스테인리스 재질에 부착하고 지울 수 있는 판박이 스티커와 제작용 도구를 묶은 '인 레터 키트'를 개발해 브랜딩, 마케팅, 아트, 클래스, 업사이클링 등에 접목을 시도하고 있다. 나만의 제품을 만들거나 버려질 물건에 새로운 디자인을 입히는 경험을 쉽고 재미있게 할 수 있다. 아이 그림이나 아이에게 전하고 싶은 말을 인 레터로 제작해서 아이 물건에 마음껏 꾸며도 좋다. 소량 제작 가능해 답례품이나 굿즈를 개발할 때도 유용하다.

심도마도 www.ximdomado.com
긍정적이고 유쾌한 에너지가 담긴 물건을 만든다. 아이가 좋아하는 테마의 피규어와 놀이 매트로 구성된 '도와줘맷'은 여행이나 외출 필수품이다. 포켓에 피규어를 쏙 넣은 다음 돌돌 말아서 들고 다닐 수 있다. 선명하고 다채로운 컬러가 눈에 띄는 미니 캔버스 백 '레인보우와펜백'은 어른과 아이가 함께 착용 가능하다.

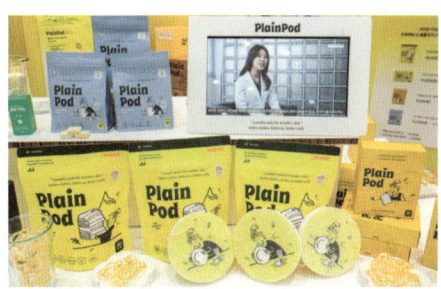

플레인팟 plainpod.com
예민한 피부도 안심할 수 있는 원료와 고농축 효소 성분으로 채운 캡슐 세제다. 민감한 피부에도 자극 없는 알러지 프리 성분으로 만들어 속옷이나 아이 옷을 세탁할 때 마음을 놓을 수 있다. 고농축 효소세제가 찌든 때를 찾아서 제거하며, 옷감 손상이 적다. 세탁기에 휙 던져 넣는 캡슐 세제라 사용이 간편하다.

아이가 자라는 집

Publishing
㈜디자인하우스 02-2275-6151

Printing
㈜매일경제신문사 031-8071-0960

ISBN 978-89-7041-790-5(13590)

Publication Date
2024년 4월 23일

편집·광고 문의
02-2262-7266
hjjl01@design.co.kr

㈜디자인하우스에서 발행하는 <아이가 자라는 집>에 실린 글과 사진은 저작권자 및 디자인하우스의 허락 없이 사용할 수 없습니다.

Publisher	이영혜 대표이사
Editor-in-Chief	오정림 편집장 hjjl01@design.co.kr
Editor	박선영 기자 psy@design.co.kr 한미영 기자 etwas@design.co.kr
Guest Editor	김경민 배주현
Art Director · Designer Designer	김지나 오혜영
Photographer	제이콥 마이어스 | 제이비포타그래피 | 한수정 | 데이사공 |
Proofreading	이현숙